Deutsch Aktuell 2

FIFTH EDITION

WORKBOOK
TEACHER'S EDITION

Wolfgang S. Kraft

Consultant: Hans J. König

EMC/Paradigm Publishing, St. Paul, Minnesota

The publisher would like to thank the following sources for granting permission to reproduce certain material on the pages indicated:

Berlin Tourismus Marketing GmbH: 4, 15, 176, 206
Deutsche Bahn: 214
Deutsche Post: 157, 158, 172
Deutscher Camping-Club e.V.: 36
Deutsches Jugendherbergswerk: 26-27, 34
Fremdenverkehrsamt Bad Segeberg: 202
Fremdenverkehrsamt München: 142
Fremdenverkehrsverband Penzberg: 186
Fürstentum Liechtenstein (Presse- und Informationsamt): 76
Gästeinformation Vogtsburg: 94
JUMA (Jugendmagazin): 124, 190, 223, 230-231
Kölner Tourismus Office: 2
Kultur- und Tourismusverband Dahmeland e.V.: 225
Kur- und Verkehrsamt Waldkirch: 88
Landesfremdenverkehrsverband Mecklenburg-Vorpommern e.V.: 10, 54
Landesverband Hannover: 24
Leipzig Tourist Service e.V.: 30, 68-69
Reiseverkehrsbüro Meersburg: 60
Stadtwerbung und Touristik Münster: 40
Thüringer Landesfremdenverkehrsverband e.V.: 182
Tourismus-Verband Baden-Württemberg e.V.: 152
Tourismus-Verband Hessen e.V.: 132
Tourismus-Verband Rheinland-Pfalz e.V.: 128
Tourismusverband Bodensee-Oberschwaben e.V.: 37
Tourismusverband Chiemgau: 133
Tourismusverband München-Oberbayern e.V.: 50, 52, 133
Tourismuszentrale Rostock-Warnemünde: 208
Tourist-Information & Service Flensburg: 72
Tourist-Information Konstanz GmbH: 163
Touristik-Information Stadt Lauenburg: 192
Touristikverband Schleswig-Holstein e.V.: 106, 108
Verkehrsverein Landshut e.V.: 150

ISBN 0-8219-2564-4

Published by EMC/Paradigm Publishing
875 Montreal Way
St. Paul, Minnesota 55102
800-328-1452
www.emcp.com
E-mail: educate@emcp.com

Printed in the United States of America
2 3 4 5 6 7 8 9 10 XXX 08 07 06 05 04

KAPITEL 1

Lektion A

1 *Wovon spricht man hier?* **Ergänze die Sätze mit den Wörtern aus der Liste. Benutze jedes Wort nur einmal!**

> Einkaufstasche   Schultaschen   Paket
> Handtasche   Gepäck   Rucksäcke   Aktentasche

1. Jeden Morgen gehen Tina und Stephanie in die Schule. Sie haben alle ihre Bücher und Hefte in ihren _____Schultaschen_____.

2. Familie Hauser fährt heute mit dem Auto in die Ferien. Sie haben viel _____Gepäck_____: zwei Koffer, drei Taschen und noch ein paar andere Sachen.

3. Herr Schumann geht jeden Morgen zu Fuß in sein Büro. Immer trägt er eine _____Aktentasche_____. Da hat er seine wichtigen Papiere. Er braucht sie bestimmt bei der Arbeit.

4. Susanne hat morgen Geburtstag. Jedes Jahr schicken ihre Großeltern ein Geschenk. Susanne muss aber noch einen Tag warten, bis sie das _____Paket_____ aufmachen kann.

5. Frau Teubner hat ihrer Tochter Jessica gesagt, dass sie im Geschäft an der Ecke Wurst, Käse und noch ein paar andere Sachen kaufen soll. Deshalb nimmt Jessica eine _____Einkaufstasche_____ mit.

6. Uwe und seine Freunde wollen eine Campingreise machen. Sie werden auch wandern. Deshalb bringen alle ihre _____Rucksäcke_____ mit.

7. Frau Bauer will ihre Freundin in der Stadt treffen. Sie will nicht viel tragen. Sie braucht ihr Geld und eine Kreditkarte. Deshalb nimmt sie nur ihre kleine _____Handtasche_____ mit.

2 Ergänze die fehlenden Wörter!

Hoffmanns machen heute eine _____Reise_____ nach Amerika. Schon früh

am _____Morgen_____ müssen sie zum Flughafen fahren. Sie

_____wohnen_____ in Bamberg, einer Stadt ungefähr 200 Kilometer von

Frankfurt entfernt. Sie fahren schon einen _____Tag_____ früher nach

Frankfurt. Dort _____übernachten_____ sie in einem Hotel.

Frau Hoffmann meint, sie haben zu viel Gepäck _____mitgebracht_____. Sie haben

zwei _____Koffer_____, ein Paket und eine Handtasche. Der Koffer ist

besonders _____schwer_____. Herr Hoffmann schlägt vor, seine Frau soll ihn

nicht _____tragen_____. Sie soll ihn _____rollen_____. Werden Hoffmanns

mit der _____S-Bahn_____ fahren? Nein, sie _____nehmen_____ ein Taxi. Das

_____geht_____ viel schneller.

3 *Mit dem Taxi vom oder zum Flughafen.* Sieh dir die Information über Taxiservice vom oder zum Flughafen Köln/Bonn an und beantworte dann die Fragen mit ganzen Sätzen!

Taxikosten

von Köln/Bonn nach	Kosten in Euro
Köln City	ca. 25
Bonn City	ca. 35-40

Fahrzeiten & Entfernungen

Von Köln/Bonn nach	Entfernung in Km	Geschätzte Fahrzeit in Min.
Aachen	78	55
Bergheim	51	40
Bergisch Gladbach	21	20
Bochum	78	50
Bonn	22	15
Bottrop	82	50
Dormagen	39	30
Dortmund	91	55
Düren	59	40
Düsseldorf	49	30
Duisburg	65	40
Essen	72	45
Gelsenkirchen	79	50
Gummersbach	56	45
Hagen	75	50

1. Wie viel kostet es ungefähr, mit einem Taxi von der Kölner Stadtmitte zum Flughafen zu fahren?

   Es kostet ungefähr 25 Euro.

2. Wie viele Kilometer sind es vom Flughafen nach Duisburg?

   Es sind 65 Kilometer.

3. Ist es weiter vom Flughafen nach Bonn oder nach Essen?

   Es ist weiter vom Flughafen nach Essen.

4. Wie lange dauert es ungefähr mit einem Taxi von Bergheim zum Flughafen zu kommen?

   Es dauert ungefähr 40 Minuten.

5. Dauert es länger von Hagen oder von Bottrop zum Flughafen? Wie lange dauert es?

   Beide Städte sind 50 Minuten vom Flughafen entfernt.

6. Kostet es mit einem Taxi mehr vom Flughafen zur Bonner oder zur Kölner Stadtmitte zu fahren?

   Es kostet mehr zur Bonner Stadtmitte zu fahren.

Name _____ Datum _____

4 *Auf den Flughäfen in Berlin.* **In Berlin gibt's drei Flughäfen: Tegel, Tempelhof und Schönefeld. Sieh dir die Information für die Flughäfen Tegel und Tempelhof an und beantworte dann die Fragen mit ganzen Sätzen!**

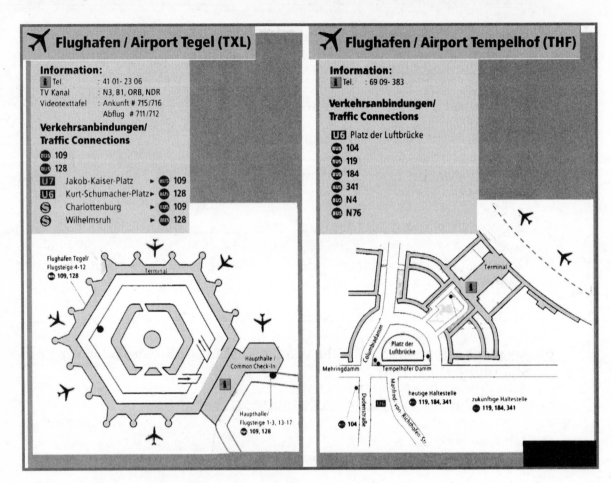

1. Von welchem Flughafen kann man mit Bus 128 fahren?

   Man kann vom Flughafen Tegel mit Bus 128 fahren.

2. Wie ist die Telefonnummer von der Information im Flughafen Tempelhof?

   Die Telefonnummer ist 69 09- 383.

3. Von wo fahren die U-Bahn und die sechs Busse ab?

   Sie fahren von dem Platz der Luftbrücke ab.

4. In welchem Flughafen gibt es eine Haupthalle?

   Im Flughafen Tegel gibt es eine Haupthalle.

5. Wie viele Flugsteige hat der Flughafen Tegel?

   Er hat 17 Flugsteige.

4   *Kapitel 1 — Lektion A*

6. Wo findet man den Platz der Luftbrücke?

   <u>Man findet ihn auf dem Flughafen Tempelhof.</u>

7. Was sind die Abkürzungen *(abbreviations)* für die beiden Flughäfen?

   <u>Die Abkürzungen sind TXL und THF.</u>

8. Von welchem Flughafen fährt die S-Bahn nach Charlottenburg?

   <u>Sie fährt vom Flughafen Tegel.</u>

5 Complete each sentence by first writing the comparative and then the superlative form of the adjective or adverb.

1. Monika ist groß.

   Petra ist _____<u>größer</u>_____.

   Katrin ist _____<u>am größten</u>_____.

2. Das Vanilleeis kostet viel.

   Die Pizza kostet _____<u>mehr</u>_____.

   Das Wiener Schnitzel kostet _____<u>am meisten</u>_____.

3. Ich lese langsam.

   Holger liest _____<u>langsamer</u>_____.

   Tina liest _____<u>am langsamsten</u>_____.

4. Sie hat es gern.

   Wir haben es _____<u>lieber</u>_____.

   Ihr habt es _____<u>am liebsten</u>_____.

5. Bernd spielt gut.

   Dirk spielt _____<u>besser</u>_____.

   Andreas spielt _____<u>am besten</u>_____.

6 Provide the comparative form for the words listed in parentheses.

1. Monika ist (alt) _____ älter _____ als Katrin.

2. Die Bluse ist (preiswert) _____ preiswerter _____ als das Hemd.

3. Das Motorrad kostet (viel) _____ mehr _____ als das Moped.

4. Christa ist (klug) _____ klüger _____ als Peter.

5. In München ist es (kalt) _____ kälter _____ als in Köln.

6. Ist es am Rhein (schön) _____ schöner _____ als an der Nordsee?

7 *Identifiziere diese Wörter!* Sie beziehen sich *(refer to)* auf den Teil Aktuelles in diesem Kapitel.

1. Wenn ein Haus brennt *(burns)*, dann kommt die _____ Feuerwehr _____.

2. Von Detroit nach Frankfurt fliegt man in einem _____ Flugzeug _____.

3. Mit 18 Jahren kann man in Deutschland einen _____ Führerschein _____ bekommen.

4. Ein _____ Fahrrad _____ hat keinen Motor. Viele Jugendliche benutzen es, um in die Schule zu kommen.

5. Viel Berliner fahren mit diesem Bus. Wenn man einsteigt, kann man oben *(upstairs)* oder unten *(downstairs)* sitzen. _____ Doppeldecker _____

6. Das ist ein Mercedes, BMW oder Audi. _____ Auto _____

7. Dort warten die Leute auf den Bus oder auf die Straßenbahn. _____ Haltestelle _____

8. Die Touristen wollen von einer Seite des Rheins auf die andere Seite kommen. Sie fahren ihr Auto auf eine _____ Fähre _____. So kommen sie über den Fluss.

9. In Hamburg und in Berlin fährt man mit einer _____ U-Bahn _____. Sie fährt unter der Erde *(below ground)*.

10. Wenn ein Unfall *(accident)* passiert, dann kommt meistens das Rote Kreuz oder die _____ Unfall-Rettung _____.

11. Viele Leute fahren jeden Tag in der Stadt Leipzig mit der Straßenbahn. Bevor sie einsteigen, kaufen manche noch schnell einen _____ Fahrschein _____ an einem Automaten.

12. Ein _____ Moped _____ ist wie ein Fahrrad, aber es hat einen Motor. Mit diesem Verkehrsmittel darf man aber nicht auf einer Autobahn fahren.

KAPITEL 1

Lektion B

8 **Beantworte die Fragen mit ganzen Sätzen!**

Sample answers:

1. Wo steht das Flugzeug?

   Es steht am Flugsteig (auf dem Flughafen).

2. Wer spricht mit den Fluggästen?

   Der (Die) Angestellte spricht mit ihnen.

3. Wer fliegt ein Flugzeug?

   Ein Pilot (Eine Pilotin) fliegt es.

4. Wo bekommt man eine Bordkarte?

   Man bekommt sie am Schalter.

5. Was muss man kaufen, bevor man mit einem Flugzeug fliegt?

   Man muss einen Flugschein kaufen.

6. Fährt man von Hamburg nach New York mit einem Zug?

   Nein, man fliegt mit einem Flugzeug.

9 **Ergänze die Sätze über den Dialog dieser Lektion!**

Herr Schmitt _____fliegt_____ heute nach Amerika. Er fliegt von

_____Frankfurt_____ ab. Schon zwei _____Stunden_____ vor dem Abflug muss

Herr Schmitt auf dem _____Flughafen_____ sein. Es _____stehen_____ nicht

viele Fluggäste am _____Schalter_____. Eine _____Angestellte_____ will wissen,

wohin Herr Schmitt fliegt. Er muss ihr seinen _____Reisepass_____ und

Flugschein zeigen. Sie will auch wissen, wo er im Flugzeug _____sitzen_____

will. Herr Schmitt möchte keinen Platz am Gang, sondern am

_____Fenster_____. Das Flugzeug fliegt pünktlich _____ab_____. Er muss

schon vor 16 _____Uhr_____ 45 zum _____Flugsteig_____ gehen. Herr

Schmitt hat nicht viel _____Gepäck_____, nur einen Koffer. Die Angestellte gibt

ihm eine _____Bordkarte_____. Er soll eine Stunde vor dem Abflug zum Flugsteig

_____gehen_____. Herr Schmitt _____kauft_____ vor dem Abflug noch eine

Zeitung und _____trinkt_____ auch noch schnell eine Tasse Kaffee.

10 **Ergänze die beiden Dialoge!**

Sample answers:

Dialog 1

Angestellte: Ihren Flugschein, bitte.

Tourist(in): Hier, bitte.

Angestellte: Ihr Flugzeug fliegt eine Stunde später ab.

Tourist(in): Warum?

Angestellte: Es ist bis jetzt noch nicht gelandet.

Tourist(in): Um wie viel Uhr soll ich am Flugsteig sein?

Angestellte: Wann Sie am Flugsteig sein sollen? Die genaue Zeit sehen Sie auf dem Monitor da drüben.

Tourist(in): Gibt es im Flugzeug etwas zu essen?

Angestellte: Ja, Sie bekommen ein Abendessen.

Tourist(in): Wie lange wird der Flug dauern?

Angestellte: Drei Stunden und zwanzig Minuten.

Tourist(in): Dann werden wir eine Stunde zu spät ankommen?

Angestellte: Nein, Sie kommen vielleicht nur 40 Minuten zu spät an.

Dialog 2

Du:	Warum hast du so viel Gepäck?
Freund(in):	Wir brauchen viel Gepäck. Wir fahren drei Wochen nach Europa.
Du:	Was hast du alles in deinem Gepäck?v
Freund(in):	Viele Kleidungsstücke und auch Geschenke.
Du:	Geschenke? Für wen denn?
Freund(in):	Für meine Cousine, meine Oma und ein paar Freunde.
Du:	Wo wohnen sie?
Freund(in):	Meine Cousine wohnt in Bremen, meine Oma in Hamburg und ein paar Freunde nicht weit von Hannover.
Du:	Wohnen alle in Norddeutschland?
Freund(in):	Ja. Sie kommen alle aus Norddeutschland.
Du:	Wann fliegst du denn ab?
Freund(in):	Heute Abend um 21 Uhr 30.

11 *Rundflüge.* **Look at the schedule and chart that describe the various excursion flights in the resort areas of the Baltic Sea.** *Beantworte die Fragen mit ganzen Sätzen!*

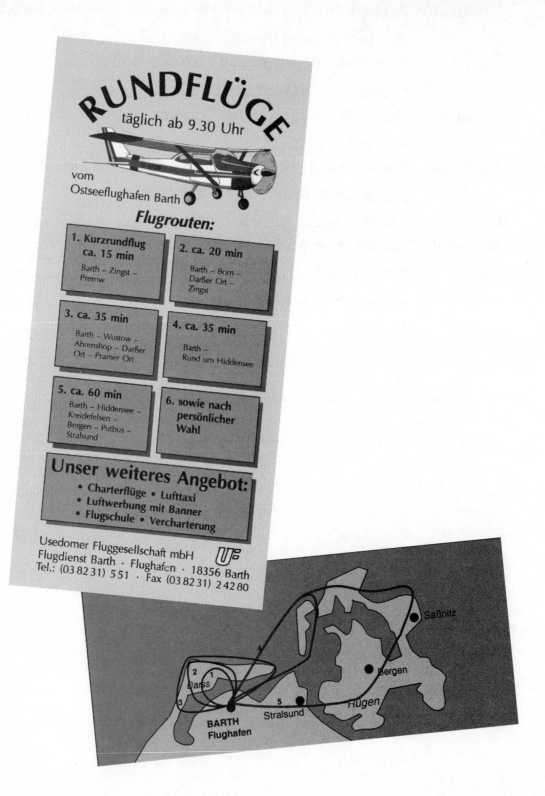

Sentences will vary.

1. Wie viele Tage in der Woche kann man diese Rundflüge machen?

   Man kann sie sieben Tage in der Woche machen.

2. Von welcher kleinen Stadt fliegt man ab?

   Man fliegt von Barth ab.

3. Wie lange dauert der Rundflug von Barth, rund um Hiddensee?

   Er dauert 35 Minuten.

4. Was ist die Postleitzahl (zip code) von Barth?

   Die Postleitzahl ist 18356.

5. Wie heißen zwei kleine Städte auf der Insel Rügen?

   Sie heißen Bergen und Saßnitz.

6. Von wo bis wohin ist der kürzeste Rundflug? Wie lange dauert er?

   Der kürzeste Rundflug ist von Barth nach Zingst und Prerow. Er dauert

   15 Minuten.

7. Wie früh am Morgen fliegen die Flugzeuge ab?

   Sie fliegen um 9.30 Uhr ab.

8. Wie heißt diese Firma?

   Sie heißt Usedomer Fluggesellschaft mbH.

12 *Schreib einen Dialog über das Thema „Wir fliegen nach Europa"! Your dialog should include the following details.*

You approach the ticket counter and ask the agent when your flight will leave. The agent tells you, and asks if you have your flight ticket and passport. You hand over both items. The agent asks you about your seat preference. You then inquire about the meals to be served on board. You are told that there will be two: dinner and breakfast. Furthermore, you find out that a movie will be shown. You ask the agent if the plane will be full, and he or she tells you that many seats are still available. Therefore, the agent is leaving the seat next to you empty so that you can have more room. Finally, you ask about the arrival time and the time difference in the country of your destination. The agent informs you about this as well.

Sentences will vary

_____

_____

_____

_____

_____

_____

_____

_____

_____

_____

_____

_____

_____

_____

_____

_____

Name _____ Datum _____

13 Bilde Fragen mit „lieber"!

Beispiel: spielen / Gitarre / Klavier
Spielst du lieber Gitarre oder Klavier?

1. lesen / Zeitung / Buch

   Liest du lieber eine Zeitung oder ein Buch? _____

2. fahren / mit / Auto / Fahrrad

   Fährst du lieber mit dem Auto oder mit dem Fahrrad? _____

3. schreiben / Brief / E-Mail

   Schreibst du lieber einen Brief oder eine E-Mail? _____

4. hören / Nachrichten / Musik

   Hörst du lieber Nachrichten oder Musik? _____

5. sehen / Film / Fußballspiel

   Siehst du lieber einen Film oder ein Fußballspiel? _____

6. kaufen / Jeans / Pulli

   Kaufst du lieber Jeans oder einen Pulli? _____

7. gehen / ins Kino / zur Disko

   Gehst du lieber ins Kino oder zur Disko? _____

8. besuchen / Tante / Oma

   Besuchst du lieber deine Tante oder deine Oma? _____

14 Was *fehlt hier?* Ergänze die Sätze mit den Verben aus der Liste. Benutze die richtigen Verbformen!

steigen	kaufen	verlassen	fahren	dauern	abholen
lernen	wohnen		haben	rüberkommen	werden
beeilen	anrufen	kommen	finden	sein	gehen

Tanja und Rainer _____sind_____ gute Freunde. Beide _____wohnen_____

in Berlin, nicht weit vom Alexanderplatz entfernt. Von der Schule

_____fahren_____ sie meistens mit der Straßenbahn nach Hause. Heute

_____haben_____ sie nicht viel Zeit. Sie müssen sich _____beeilen_____.

Rainers Brieffreund _____kommt_____ heute aus Amerika. Er und seine Eltern

werden ihn am Nachmittag vom Flughafen _____abholen_____.

Mit der Straßenbahn _____dauert_____ es heute zu lange. Deshalb fahren sie

mit der U-Bahn. Mit einer U-Bahn _____geht_____ es viel schneller. An

einem Zeitungsstand _____kauft_____ Rainer noch für seinen Vater eine

Zeitung. Bald _____steigen_____ beide in die U-Bahn ein. In der U-Bahn

_____finden_____ sie auch gleich einen Platz.

Rainers Eltern haben schon am Flughafen _____angerufen_____. Das Flugzeug aus

Amerika _____wird_____ pünktlich landen. Rainer und seine Eltern

_____verlassen_____ ihre Wohnung und fahren mit dem Auto zum Flughafen.

Rainer hat seiner Freundin noch schnell vorgeschlagen, dass sie später

_____rüberkommen_____ soll. Dann kann sie Robert kennen _____lernen_____.

15 *Der Alexanderplatz.* Rainer and Tanja live close to the well-known Berlin site, the Alexanderplatz. Read the article and see how much you can understand. You can answer the questions in English.

Alexanderplatz
Nachkriegsmoderne Ost
Erbaut von verschiedenen Kollektiven 1961-73

Der Alexanderplatz, so genannt seit dem Besuch Zar Alexanders I. 1805, hatte sich noch bis in die Mitte des 19. Jh. seinen vorstädtischen Charakter bewahrt. Hier wurden die Viehmärkte abgehalten, und die nahe liegenden Kasernen nutzten das Areal als Exerzier- und Paradeplatz.

Erst mit dem Bau der S-Bahn 1882, der Zentralen Markthalle 1886, dem Kaufhaus Tietz 1904-11 und der U-Bahn seit 1913 entwickelte sich der „Alex" zum wichtigsten Verkehrs- und Einkaufszentrum für die östlichen Stadtteile Berlins. Sein Wahrzeichen war die bronzene „Berolina". Durch den Ausbau des U-Bahn-Netzes und das tägliche Verkehrschaos wurde 1928 die Umgestaltung des Platzes angeregt. In seiner Mitte entstand ein Kreisverkehr, die Neubebauung nach Plänen von Peter Behrens konnte jedoch nur in der westlichen Hälfte realisiert werden.

Seine heutige Gestalt erhielt der Alexanderplatz nach den verheerenden Kriegszerstörungen erst ab den 60er Jahren. Der Platz wurde um ein Vielfaches vergrößert und verlor seinen geschlossenen Charakter zugunsten einer amorphen und ausufernden Brache. Das Kerngebiet wurde zur Fußgängerzone, der Verkehr wird über vielspurige Straßen um den Platz herumgeführt.

Nach der Wiedervereinigung herrschte unter West-Berliner Entscheidungsträgern über die (nicht vorhandenen) städtebaulichen Qualitäten Einigkeit - ein Wettbewerb wurde ausgeschrieben, dessen Siegerentwurf (Hans Kollhoff) den Abriss eines Großteils der heutigen Bebauung und die Errichtung von 13 Hochhäusern vorsieht. Doch ob das Projekt jemals realisiert wird, steht in den Sternen. Jenseits aller Geschmacksfragen muss man jedoch konstatieren, dass der Alexanderplatz der mit Abstand monumentalste innerstädtische Platz in Deutschland ist. Und auch das ist eine Qualität.

10178 Mitte, Alexanderplatz

S+U Alexanderplatz, Bus 100, 142, 157, 257, 348, Tram 2, 3, 4, 5, 6

1. How many years did it take to build the Alexanderplatz?

   13 years (1961–1973)

2. When did the Russian emperor or czar, after whom this square was named, visit this place?

   1805

3. What was completed in 1882?

   the S-Bahn

4. What is the nickname of the Alexanderplatz?

   Alex

5. How many high-rise buildings will eventually surround this square?

   13

6. What means of transportation are available to and from the Alexanderplatz?

   U-Bahn, S-Bahn, Bus, Tram

7. In which part of Berlin (East or West) was the Alexanderplatz located before the Wall came down in 1989?

   east

8. Since when does the subway run to and from this area?

   since 1913

16 *Was weißt du?* **Complete each sentence with a word or name that you'll find in this chapter. When read in sequence, the first letter of each word will identify a means of transportation in several German cities. (Note: ß = SS)**

1. Dort steht eine Angestellte am _____Schalter_____ und sieht sich Flugscheine und Reisepässe an.

2. Herr und Frau Hoffmann fahren mit einem _____Taxi_____ zum Flughafen.

3. Wenn man nach Deutschland fliegt, dann braucht man einen Flugschein und einen _____Reisepass_____.

4. Vor dem _____Abflug_____ kauft Herr Schmitt noch eine Zeitung.

5. Der Flug von Frankfurt nach Chicago dauert ungefähr acht _____Stunden_____ .

6. Tanja und Rainer gehen auf ein Gymnasium. Das ist eine _____Schule_____ in Pankow.

7. Zum Einkaufen braucht man eine _____Einkaufstasche_____ .

8. Robert kommt am _____Nachmittag_____ gegen 16 Uhr auf dem Flughafen an.

9. Wo man in einem Flugzeug sitzt, das steht auf der _____Bordkarte_____ .

10. Herr Rieder trägt immer eine _____Aktentasche_____ ins Büro. Darin hat er wichtige Papiere.

11. Rainer und Tanja fahren ein paar _____Haltestellen_____ , steigen aus und gehen zehn Minuten zu Fuß.

12. Rainer und Tanja wohnen in der _____Nähe_____ vom Alexanderplatz.

17 Ergänze die folgenden Sätze!

Sample answers:

1. In diesem Koffer sind _____viele Kleidungsstücke_____

_____ .

2. Um wie viel Uhr fliegt _____das Flugzeug nach Europa ab_____

_____ ?

3. Am Schalter müssen sie _____ihre Reisepässe und Flugscheine zeigen_____

_____ .

4. Am Flugsteig warten _____viele Touristen auf ihr Flugzeug_____

_____ .

5. Auf der Bordkarte steht, wo _____man sitzt_____

_____ .

6. Es dauert nicht lange, bis _____sie im Flugzeug sind_____

_____ .

7. Das Flugzeug fliegt _____nach Europa_____

_____ .

8. Auf dem Monitor kann man sehen, wann _____die Flugzeuge abfliegen und_____

_____ankommen_____ .

18 **Kreuzworträtsel**

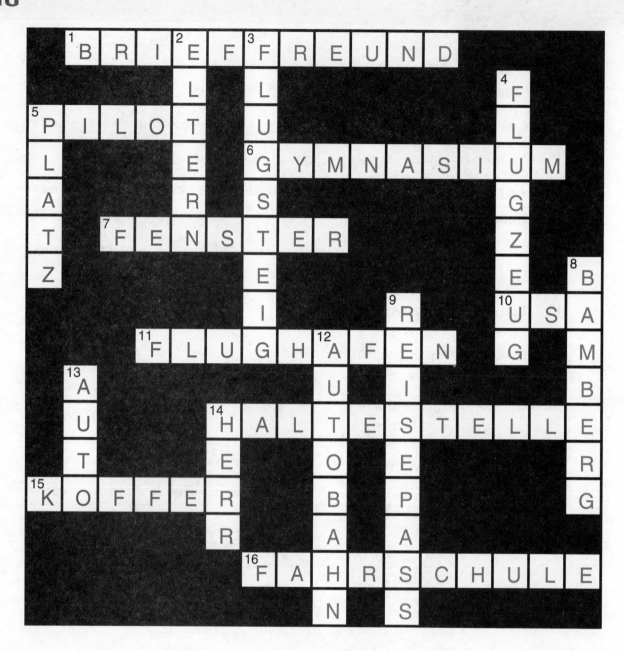

WAAGERECHT

1. Robert ist Rainers ___ aus Amerika.
5. Ein ___ fliegt das Flugzeug.
6. Rainer und Tanja gehen auf ein ___ in Pankow.
7. Herr Schmitt sitzt lieber am ___.
10. Herr Schmitt fliegt in die ___.
11. Hoffmanns haben in der Nähe vom Frankfurter ___ übernachtet.
14. Viele Leute warten da, bis der Bus kommt.
15. Frau Hoffmann rollt den ___ zum Taxi.
16. Dort macht man seinen Führerschein.

SENKRECHT

2. Rainers ___ warten schon auf ihn.
3. Das Flugzeug steht am ___.
4. Mit einem ___ fliegt man acht Stunden von Frankfurt nach New York.
5. In der U-Bahn müssen Rainer und Tanja nicht stehen. Sie finden da einen ___.
8. Hoffmanns wohnen in ___.
9. Herr Schmitt gibt der Angestellten seinen Flugschein und ___.
12. Auf der ___ kann man sehr schnell fahren.
13. Rainer und seine Eltern fahren mit dem ___ zum Flughafen.
14. ___ und Frau Hoffmann machen eine Reise nach Amerika.

KAPITEL 2

Lektion A

1 *Wörterrätsel.* **Circle the twelve words that relate to a youth hostel and its related activities. The letters may go backward or forward; they may go up, down, across, or diagonally. However, they go only one way in any one word. (Note: Ä = AE)**

```
J  V  E  N  K  U  Y  W  M  K  A  P  A  E
U  M  G  E  B  U  N  G  D  N  B  K  S  G
G  I  Q  M  X  Z  E  F  E  L  K  U  K  V
E  T  S  M  G  L  Y  T  P  P  C  V  C  E
N  G  E  I  D  N  R  E  D  N  A  W  E  T
D  L  B  M  M  A  S  L  E  E  S  E  H  R
H  I  P  M  K  R  G  J  Y  C  K  E  C  A
E  E  Q  H  O  G  M  W  H  Z  C  B  S  K
R  D  K  C  Y  H  W  A  M  P  U  C  E  D
B  S  B  S  V  T  C  R  D  Y  R  H  S  N
E  K  W  L  M  H  U  E  X  Y  A  F  I  A
R  A  D  L  P  J  M  R  A  C  W  L  E  L
G  R  W  K  P  N  C  S  Z  V  E  Q  R  R
E  T  P  E  Q  T  Y  F  X  B  E  I  O  P
W  E  P  J  N  D  F  B  Z  M  U  N  Y  S
```

2 Was fehlt hier? Ergänze die Sätze mit den Verben aus der Liste. Benutze die richtigen Verbformen!

schlagen meinen machen kommen freuen übernachten geben
fahren ansehen wissen vorbereiten werden haben
warten

1. Frau Tischler und ihre Klasse haben sich schon lange auf die Reise
   _____vorbereitet_____ .

2. In Rüdesheim am Rhein wollen sie in einer Jugendherberge
   _____übernachten_____ .

3. Von Koblenz _____fahren_____ sie auf einem Schiff bis Rüdesheim.

4. Die Lehrerin _____gibt_____ dem Herbergsvater ihre Mitgliedskarte.

5. Sie _____werden_____ drei Tage da bleiben.

6. Esra und Corinna _____warten_____ auf Falko.

7. Endlich _____kommt_____ er.

8. Falko will _____wissen_____ , warum die beiden Mädchen ihn so komisch
   ansehen.

9. Alle drei wollen sich die Umgebung _____ansehen_____ .

10. Falko _____meint_____ , dass sie sich nicht beeilen müssen.

11. Alle drei _____haben_____ bis zum Abendessen noch viel Zeit.

12. Falko _____schlägt_____ vor, dass sie Karten spielen sollen.

13. Corinna _____freut_____ sich schon auf morgen.

14. Dann werden sie und ihre Schulfreunde einen Ausflug _____machen_____ .

3 Was machen sie am Morgen? Schreib einen ganzen Satz, was alle am Morgen machen!

Sample answers:

1. Uli

   Uli wäscht sich (seine Hände).

2. Veronica

   Veronica duscht sich.

3. Katja

   Katja kämmt sich die Haare.

4. Herr Schubert

   Herr Schubert rasiert sich.

5. Kai

   Kai sieht sich ein Buch an.

6. Monika und Susanne

   Monika und Susanne putzen sich die Zähne.

4 *Beantworte die folgenden Fragen! Benutze die Wörter in Klammern!* **(Use the words in parentheses!)**

1. Was hast du heute Morgen gemacht? (sich duschen)

   Ich habe mich geduscht.

2. Was hast du nach dem Abendbrot gemacht? (sich die Zähne putzen)

   Ich habe mir die Zähne geputzt.

3. Warum siehst du immer auf die Uhr? (sich beeilen / müssen)

   Ich muss mich beeilen.

4. Warum fährst du nach München? (sich das Museum ansehen / wollen)

   Ich will mir das Museum ansehen.

5. Was musst du noch vor der Party machen? (sich die Haare waschen)

   Ich muss mir die Haare waschen.

6. Warum seid ihr so froh? (sich auf die Reise freuen)

   Wir freuen uns auf die Reise.

7. Warum geht ihr ins Wohnzimmer? (sich dort an den Tisch setzen / sollen)

   Wir sollen uns dort an den Tisch setzen.

8. Was wollt ihr nach der Schule machen? (sich mit Freunden treffen / wollen)

   Wir wollen uns mit Freunden treffen.

5 Jugendherbergen in Norddeutschland. Sieh dir die Beschreibung der 12 Jugendherbergen in Norddeutschland an and beantworte dann die Fragen! Hier sind ein paar wichtige Wörter auf Englisch: *erreichen* to reach; *die Vorwahlnummer* area code.

1. Jugendherberge Bederkesa**

Am Margaretenweg 2 · 27739 Bederkesa · Telefon 0 47 45/4 06
Tischtennis · Volleyball · Minigolf · Schwimmen · Bootfahren · Radfahren

2. Jugendherberge Bispingen*

Töpinger Straße 42 · 29646 Bispingen · Telefon 0 51 94/23 75
Wandern · Radfahren · Tischtennis · Freiluftschach · Schwimmen · Reiten

3. Jugendherberge Bremen**

Kalkstraße 6 · 28195 Bremen · Telefon 04 21/17 13 69
Disco · Cafeteria · Billard · Schwimmen · Radfahren · Tischtennis · Minigolf

4. Jugendherberge Bremen-Blumenthal**

Bürg.-Dehnkamp-Straße 22 · 28777 Bremen · Telefon 04 21/60 10 05
Tischtennis · Volleyball · Schwimmen · Bootfahren · Gymnastik · Wandern

5. Jugendherberge Bremervörde**

Feldstraße 9 · 27432 Bremervörde · Telefon 0 47 61/12 75
Bootfahren · Rudern · Wandern · Radfahren · Minigolf · Schwimmen · Tennis

6. Jugendherberge Celle*

Weghausstraße 2 · 29223 Celle · Telefon 0 51 41/5 32 08
Wandern · Radfahren · Tischtennis · Bootfahren · Minigolf

7. Jugendherberge Fallingbostel*

Liethweg 1 · 29683 Fallingbostel · Telefon 0 51 62/22 74
Wandern · Radfahren · Tischtennis · Volleyball · Musizieren · Bootfahren

8. Jugendherberge Hankensbüttel*

Helmrichsweg 24 · 29386 Hankensbüttel · Telefon 0 58 32/25 00
Wandern · Radfahren · Tischtennis · Volleyball · Schwimmen · Bootfahren

9. Jugendherberge Hitzacker*

Wolfsschlucht 2 · 29456 Hitzacker · Telefon 0 58 62/2 44
Musizieren · Wandern · Radfahren · Tischtennis · Volleyball · Schwimmen

10. Jugendherberge Inzmühlen*

Wehlener Weg · 21256 Handeloh · Telefon 0 41 88/3 42
Wandern · Radfahren · Musizieren · Tischtennis · Schwimmen · Badminton

11. Jugendherberge Lüneburg*

Soltauer Straße 133 · 21335 Lüneburg · Telefon 0 41 31/4 18 64
Wandern · Radfahren · Tischtennis · Volleyball · Minigolf · Schwimmen

12. Jugendherberge Müden/Oertze*

Wiesenweg 32 · 29328 Faßberg · Telefon 0 50 53/2 25
Wandern · Radfahren · Tischtennis · Bootfahren · Volleyball

Zuständig für die Jugendherbergen sind der * Landesverband Hannover, der ** Landesverband Unterweser-Ems und der *** Landesverband Nordmark

1. In welcher Straße findet man die Jugendherberge in Lüneburg?

   In der Soltauer Straße.

2. In welcher Jugendherberge kann man kein Tischtennis spielen?

   In der Jugendherberge Bremervörde.

3. Welche Jugendherberge findet man in der Weghausstraße?

   Die Jugendherberge Celle.

4. In welcher Jugendherberge können die Jugendlichen Badminton spielen?

   In der Jugendherberge Inzmühlen.

5. Welche Jugendherberge kann man unter der Telefonnummer 0421/17 13 69 erreichen?

   Die Jugendherberge Bremen.

6. Wie viele Jugendherbergen bieten Volleyball an? Und wo sind sie?

   Sieben Jugendherbergen. Sie sind in Bederkesa, Bremen-Blumenthal,

   Fallingbostel, Hankensbüttel, Hitzacker, Lüneburg, Müden/Oertze.

7. In welcher Jugendherberge kann man Schach spielen?

   In der Jugendherberge Bispingen.

8. Welche beiden Jugendherbergen haben dieselbe Vorwahlnummer?

   Die Jugendherbergen Bremen und Bremen-Blumenthal.

6 Zu welcher Jugendherberge möchtest du fahren? Warum? Schreib zehn oder mehr Sätze, warum du gern dorthin fahren möchtest! Sei so kreativ wie nur möglich!

Jugendherberge Tharandt

Am Rande des Tharandter Waldes, nahe dem Städtchen Tharandt, liegt die JH nur zwölf Kilometer von Dresden entfernt. Sie ist Ausgangsort für Wanderungen an den Wilden Weißeritz, zum »Meiler« oder zur Schmalspurbahn/ Hainsberg. Ausflüge nach Dresden, Meißen, Freiberg und Chemnitz sind möglich. Das Haus verfügt über 44 Plätze (im Sommer zusätzlich drei Familienbungalows) und eignet sich für Schulklassen und Wandergruppen.

Herbergseltern:
Ina und Michael Bopp
Pienner Straße 55
01737 Tharandt
Tel.: 03 52 03/3 72 72

Jugendherberge Hildesheim

Museen mit Schätzen der Kirche und des alten Ägypten, das UNESCO-Kulturgut »Knochenhaueramtshaus« und das Stadttheater sind einige der Attraktionen in Niedersachsens heimlicher Kulturhauptstadt Hildesheim. Die neueste: Eine renovierte Jugendherberge mit 62 Betten in familiengerechten und Leiter-Zimmern mit Dusche/ WC, Gruppenzimmern mit 4 oder 6 Betten, eigenen Waschgelegenheiten und Etagenduschen.

Herbergseltern:
Katja und Dirk Ruppel
Schirrmannweg 4
31139 Hildesheim
Tel.: 0 51 21/4 27 17

Jugendherberge Meisdorf

In einem der größten Naturschutzgebiete des Harzes liegt die Jugendherberge Meisdorf. Das Haus verfügt über 108 Betten, zwei Aufenthaltsräume, einen Grillplatz und TT-Platte. In der Nähe: Frei- und Hallenbad. Nicht weit von Meisdorf entfernt liegt die Burg Falkenstein mit einer Sammlung von Möbeln, Gemälden und Jagdwaffen. Weitere Ausflugsziele sind das Quedlinburger Schloß, der Hexentanzplatz und die Schwebebahn in Thale.

Herbergsvater:
Thomas Neubauer
Falkensteiner Weg 2b
06463 Meisdorf
Tel.: 03 47 43/82 57

Jugendherberge Kronach

Kronach liegt am Südrand des Frankenwaldes, im »grünen Herzen Deutschlands«. Die Jugendherberge befindet sich inmitten der Festung Rosenberg, einer der größten, noch erhaltenen mittelalterlichen Befestigungsanlagen Deutschlands. Das Haus verfügt über 106 Betten in 1- bis 12-Bettzimmern. Vom Haus aus sind verschiedene Ausflüge und Besichtigungen möglich; 200 Kilometer markierte Wanderwege laden zu ausgedehnten Spaziergängen ein.

Herbergseltern:
Renate und Josef Schmidt
Festung Rosenberg
96317 Kronach
Tel.: 09261/9 44 12 o. 973 12

Sentences will vary.

_____

_____

_____

_____

_____

_____

_____

_____

_____

_____

_____

_____

_____

_____

_____

_____

_____

_____

_____

7 *Beschreib, was Thomas und Michael machen!* **Schreib mindestens einen Satz** **über jede Zeichnung!** (*beschreiben* to describe; *mindestens* at least; *die* *Zeichnung* drawing, sketch)

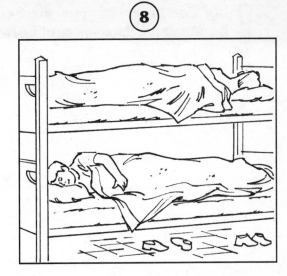

Sentences will vary.

_____

_____

_____

_____

_____

_____

_____

_____

_____

_____

_____

_____

_____

_____

_____

_____

_____

8 *Ein Campingplatz.* Lies die Beschreibung über einen Campingplatz im Bundesland Sachsen und beantworte dann die Fragen mit ganzen Sätzen!

18 04838 Eilenburg

FEZ Freizeit- und Erholungszentrum Eilenburg GmbH
Karl-Liebknecht-Siedlung 38
☎ (0 34 23) 75 54 38 · 📠 75 79 93
Internet: www.DübenerHeide.de

15.4.–15.10. · Mittagsruhe 12.00–14.00 Uhr
Anreise bis 18.00 Uhr · Abreise bis 18.00 Uhr
6,5 ha · Stellplätze: Touristen 60, Dauercamper 140

Der Campingplatz befindet sich an einem 150 ha großen Kiessee, am Stadtrand von Eilenburg sowie am Rand der Dübener Heide. Zur Zeit erfolgt eine Umgestaltung und Modernisierung des Campingplatzes.

Ansprechpartner: Frau Lück-Thomas

1. In der Nähe von welcher kleinen Stadt liegt dieser Campingplatz?

   <u>Er liegt in der Nähe von Eilenburg.</u>

2. Bis wann muss man auf diesem Campingplatz ankommen?

   <u>Man muss bis 18.00 Uhr ankommen.</u>

3. Wen kann man anrufen, wenn man Fragen hat?

   <u>Man kann Frau Lück-Thomas anrufen.</u>

4. Für wie viele Dauercamper *(permanent campers)* ist da Platz?

   <u>Es ist für 140 Dauercamper Platz.</u>

5. Was ist die Faxnummer von diesem Campingplatz?

   <u>Die Faxnummer ist 75 79 93.</u>

6. Ist der Campingplatz an einem Fluss oder See?

   <u>Er ist an einem See (Kiessee).</u>

7. Wie kann man außer der Post, dem Telefon und Fax noch etwas über diesen Campingplatz Auskunft finden?

   <u>Man kann im Internet Auskunft finden.</u>

8. Bis wann muss man abfahren?

   <u>Man muss bis 18 Uhr abfahren.</u>

KAPITEL 2

Lektion B

9 *Was brauchen wir auf unserer Campingreise?* **Ergänze die Sätze mit passenden Wörtern!**

1. Wir wollen auf dem Wasser liegen. Wir brauchen eine ___Luftmatratze___.

2. Spät am Abend gehen wir ins Zelt und wollen in unseren ___Schlafsäcken___ schlafen (*sleep*).

3. Wenn wir heißen Kaffee trinken wollen, dann brauchen wir einen ___Kocher___.

4. Für unsere Reise brauchen wir etwas zu essen und zu trinken. Deshalb kaufen wir noch vorher ___Lebensmittel___.

5. Wenn man nicht in einem Zelt schlafen will, dann braucht man einen Camper oder einen ___Wohnwagen___.

6. Wenn man auf einem Campingplatz übernachten will, dann muss man ein ___Zelt___ mitbringen.

7. Wir werden im Wasser nicht nur schwimmen. Wir bringen unser ___Boot___ mit. Dann können wir dort auf dem See herumfahren.

8. Auf dem ___Campingplatz___ stehen viele Zelte und Wohnwagen.

10 **Was fehlt hier? Ergänze die Ausdrücke mit verschiedenen und sinnvollen Verben!**

Sample answers:

1. an die Ostsee ___fahren___

2. alles im Auto zum Campingplatz ___mitbringen___

3. das Zelt ___abbrechen___

4. eine leichte Arbeit ___sein___

5. alles wieder ins Auto ___packen___

6. das Wetter ___genießen___

7. nicht spät zu Hause ___ankommen___

8. das Schlauchboot ___zusammenrollen___

9. das Schlauchboot und andere Sachen ins Auto ___stecken___

10. im Auto genug Platz ___haben___

11 **Substitute pronouns for the italicized words. Change the word order where necessary.**

1. Er schreibt *seiner Freundin eine E-Mail.*

   Er schreibt sie ihr. _____

2. Hast du *den Touristen die Stadt* gezeigt?

   Hast du sie ihnen gezeigt? _____

3. *Die Angestellte* gibt *den Damen und Herren die Bordkarten.*

   Sie gibt sie ihnen. _____

4. Hat *Sven seinen Freunden ein Geschenk* mitgebracht?

   Hat er es ihnen mitgebracht? _____

5. Ich habe *meinem Bruder ein Computerspiel* gekauft.

   Ich habe es ihm gekauft. _____

6. Heute wollen *meine Eltern meiner Schwester einen Koffer* zum Geburtstag kaufen.

   Heute wollen sie ihn ihr zum Geburtstag kaufen. _____

12 *Was ist alles in der Jugendherberge los?* **Nach der Ankunft aller Gäste haben die Jugendlichen, die Lehrer und der Herbergsvater noch viel zu tun. Beende die Sätze!**

Sample answers:

1. Der Herbergsvater zeigt den Gästen ihre Zimmer _____ .

2. Herr Böhme gibt Anne die Mitgliedskarte _____ .

3. Patrick und Petra kaufen ein paar Briefmarken _____ .

4. Zwei Lehrer sagen den Schülern, wann sie ins Bett gehen sollen ___ .

5. Renate und Sabine geben ihren Freundinnen einen Ball _____ .

6. Frau Lutz bringt den Schülern ein Schlauchboot _____ .

13 Was passt hier?

__K__ 1. Jugendherbergen sind

__G__ 2. Junge und ältere Leute können

__I__ 3. Man braucht

__B__ 4. Wichtige Informationen stehen

__N__ 5. Viele Besucher bringen

__F__ 6. In einer Jugendherberge kann man

__C__ 7. Angestellte bereiten

__L__ 8. Richard und David sind

__D__ 9. Die Jugendherberge liegt

__A__ 10. Beide füllen

__M__ 11. Der Herbergsvater gibt

__H__ 12. Eine Burg steht

__J__ 13. Der Herbergsvater wünscht

__E__ 14. Beide lernen

A. ein Formular aus

B. gleich am Eingang

C. in der Küche das Essen zu

D. oben auf einem Berg

E. noch andere junge Leute kennen

F. auch Mahlzeiten bekommen

G. in einer Jugendherberge übernachten

H. direkt über der Jugendherberge

I. für die Übernachtung eine Mitgliedskarte

J. Richard und David einen angenehmen Aufenthalt

K. nicht nur in Deutschland, sondern auch in anderen Ländern beliebt

L. zwei Wochen unterwegs, bevor sie in der Jugendherberge ankommen

M. Richard und David Bettwäsche für die Übernachtung

N. nicht so viel Gepäck mit

14 *Jugendherberge St. Goar.* **Wie du im Lesestück gelesen hast, haben Richard und David in der Jugendherberge St. Goar übernachtet. Sieh dir die Information über diese Jugendherberge an und beantworte dann die Fragen mit ganzen Sätzen!**

Name:	Jugendherberge St. Goar
Adresse:	Bismarckweg 17
	56329 St. Goar

Tel: 06741/388
Fax: 06741/2869
E-Mail: jh-st-goar@djh-info.de

Kontakt:	Herr Stefan Wullenkord
Träger:	LVB Rheinland-Pfalz/Saarland e.V.
Bettenzahl:	130
Raumangebot:	Mehrbettzimmer, Leiterzimmer für 1- und 2-Bettbelegung, 1 Partykeller, 4 Tages- und Seminarräume
Preise:	pro Person Ü/F: 11,80 EUR
Sport & Freizeit:	Tischtennis, Spiel- und Liegewiese, Grillplatz, Rheinterrasse
Geschlossen:	24.12 bis 26.12
Sonstiges:	Große Burganlage der Festung Burg Rheinfels mit Museum, Bären- und Puppenmuseum St. Goar, Falknerei auf Burg Maus, interessante Pauschalprogramme für Gruppen und Schulklassen für 3 und 5 Tage.
Nächste JH:	
	Oberwesel 8 km
	Bacharach 15 km
	Koblenz 40 km
Lage:	Am nördlichen Ortsrand, am Fuß der Burg Rheinfels
Anreise:	Auto/Bus: A 61, Pfalzfeld oder über die B 9 entlang des Rheins. Bahn: St. Goar auf der Strecke Mainz-Koblenz, von dort 10 Min. Fußweg.

1. Wie weit muss man zu Fuß zur Jugendherberge gehen?

   Man muss 10 Minuten zu Fuß gehen.

2. Wie ist die Telefonnummer, wenn man vom Bahnhof in St. Goar die Jugendherberge anrufen will?

   Die Telefonnummer ist 388.

3. Wo und wie weit entfernt ist die nächste Jugendherberge?

   Die nächste Jugendherberge ist in Oberwesel, acht Kilometer entfernt.

4. Ist die Jugendherberge an jedem Tag im Jahr geöffnet (open)?

   Nein, sie ist vom 24.12 bis 26.12. nicht geöffnet.

5. Wie heißt die Burg ganz in der Nähe?

   Sie heißt Burg Rheinfels.

6. Wie viele Betten gibt es in dieser Jugendherberge?

   Es gibt 130 Betten.

7. Welche Sportart kann man hier treiben?

   Man kann Tischtennis spielen.

8. Wie ist die Postleitzahl (zip code) von St. Goar?

   Die Postleitzahl ist 56329.

15 *Camping in Dänemark.* **Die folgende Beschreibung ist über einen Campingplatz im Nachbarland Dänemark. Beantworte die Fragen mit ganzen Sätzen! Hier sind ein paar wichtige Vokabeln:** *das Herz* **heart,** *die Postleitzahl* **zip code,** *der Lärm* **noise,** *der Zuhörer* **listener,** *das Feuer* **fire.**

Sample answers:

1. Was kann man am Morgen essen?

   Man kann warme, selbstgebackene Brötchen essen.

2. Wo in Dänemark findet man diesen Campingplatz?

   Man findet ihn in Vammen im Herzen von Jütland.

3. Wie lang ist der See?

   Er ist 9 km (Kilometer) lang.

4. Was ist die Postleitzahl von der Stadt, wo dieser Campingplatz ist?

   Die Postleitzahl ist DK-8830.

5. Gibt es auf diesem Campingplatz viel Ruhe oder viel Lärm?

   Es gibt da viel Ruhe.

6. Warum sollen die Besucher ein Musikinstrument mitbringen?

   Es gibt Zuhörer.

7. Was kann man alles am See machen?

   Man kann da baden, angeln, segeln, surfen und rudern.

8. Was machen manche am Abend an einem Feuer?

   Sie musizieren.

16 **Welche Campingplätze sind beliebt? Viele Deutsche fahren gern zu Campingplätzen in Süddeutschland. Sieh dir die Beschreibung und Karte an und ergänze dann die Sätze!**

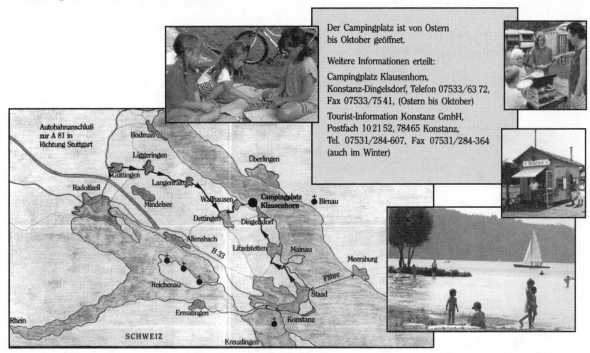

1. Der Campingplatz ist in der Stadt __Klausenhorn (or Konstanz-Dingelsdorf)__ .

2. Von Staad nach Meersburg kann man mit einer
   _____ __Fähre__ _____ fahren.

3. Wenn man Information über diesen Campingplatz haben möchte, dann kann
   man auch im Dezember die Nummer _____ __07531/284-607__ _____
   anrufen.

4. Der Campingplatz ist im Frühling und Sommer
   _____ __geöffnet__ _____ .

5. Auf die _____ __Autobahn__ _____ A 81 kann man in der Nähe von
   Güttingen kommen.

6. Ermatingen liegt in der _____ __Schweiz__ _____ .

7. Eine Stadt gleich südlich vom Campingplatz heißt
   _____ __Dingelsdorf__ _____ .

8. Die Stadt nördlich von Dingelsdorf und auf der anderen Seite vom Bodensee
   heißt _____ __Überlingen__ _____ .

17 Beende die folgenden Sätze!

Sample answers:

1. Kämm _dir bitte die Haare_ _____

   _____!

2. Wir treffen _uns nach der Schule bei dir_ _____

   _____.

3. Warum beeilt ihr _euch nicht_ _____

   _____?

4. Ich freue _mich schon jetzt auf die Ferien_ _____

   _____.

5. Duschst du _dich nicht nach dem Spiel_ _____

   _____?

6. Sehen wir _uns die Jugendherberge an_ _____

   _____!

7. Setzt _euch hier hin_ _____

   _____!

8. Joachim rasiert _sich am Morgen_ _____

   _____.

18 *Schreib einen Dialog über das Thema „Wir fahren zu einer Jugendherberge".*
Du und dein Freund oder deine Freundin haben vor, eine Radtour zu
machen. Jeden Tag wollt ihr in einer anderen Jugendherberge bleiben.
Schreib wohin ihr fahrt, was ihr alles mitnehmt und was ihr dort machen
werdet! Sei so kreativ wie möglich!

Sentences will vary.

_____

_____

_____

_____

_____

_____

_____

_____

_____

_____

_____

_____

19 *Ich weiß, wo der Campingplatz ist.* **Du arbeitest in einem Informationsbüro in Münster. Während des Tages rufen ein paar Touristen an und wollen wissen, wie sie am besten zum Campingplatz kommen. Sieh dir die Information und den Stadtplan an und hilf dann den Touristen!**

Sport- und Freizeitanlagen in Vorbereitung

2 Außentennisplätze
Minigolfanlage mit Turnierwert

Gaststätte:
Kann für Clubversammlungen und private Feiern angemietet werden.

Anfahrt:
A1 Abfahrt Münster-Süd in Richtung Bielefeld. Nach überqueren von drei großen Kreuzungen und einer kleinen Ampelanlage nächste Ausfahrt rechts, dann Richtung Wolbeck, nach ca. zwei Kilometern linke Seite Freibad

Stapelskotten und Campingplatz Münster.

Busverbindung direkt ab Campingplatz (Stadtmitte ca. fünf Kilometer).

Die Torschranke kann in der Zeit von 22.00 bis 7.00 Uhr und von 13.00 bis 15.00 Uhr nicht geöffnet werden.

Campingplatz Münster
Inhaber Eheleute Kampert
Laerer Werseufer 7 (Wolbecker Str.)
48157 Münster
Tel. 0251/31 19 82

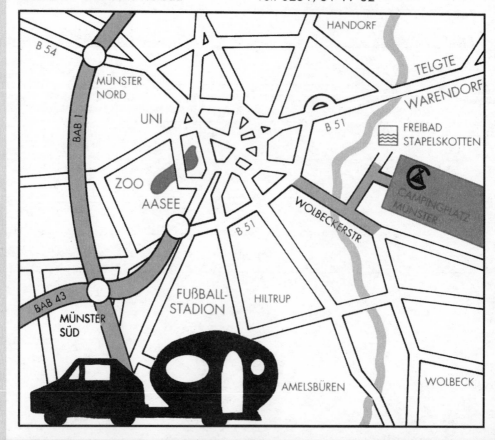

Name _____ Datum _____

Tourist(in) 1: Wie kommen wir vom Fußballstadion zum Campingplatz?

Fahren Sie geradeaus bis zur B 51, dann nach rechts bis zur

Wolbeckerstraße! Dann sind Sie ganz in der Nähe.

Tourist(in) 2: Wie weit ist es vom Freibad zum Campingplatz?

Das Freibad ist gleich beim Campingplatz.

_____

Tourist(in) 3: Wir sind jetzt auf der Bundesstraße 54 in Münster Nord. Können Sie
mir sagen, wo der Campingplatz Münster ist?

Bleiben Sie auf der B 54 und fahren Sie an der Uni vorbei und durch die

Stadt! Dann biegen Sie auf der B 51 nach links ab, bis zur Wolbeckerstraße

und dann nach rechts! Dann sehen Sie den Campingplatz.

Tourist(in) 4: Wir sind gerade mit unserem Camper in Münster-Süd
angekommen. Wie geht's jetzt zum Campingplatz weiter?

Fahren Sie auf der BAB 43 zur B 51, dann weiter zur Wolbeckerstaße!

Fahren Sie rechts auf die Wolbeckerstaße und dann die erste Straße nach

links zum Campingplatz!

Tourist(in) 5: Kann man mit einem Bus vom Campingplatz zur Stadtmitte fahren?
Wenn ja, wie lange dauert es?

Ja, ein Bus fährt direkt vom Campingplatz zur Stadtmitte. Es sind nur fünf

Kilometer. Es dauert also nicht lange.

Tourist(in) 6: Können Sie mir bitte die Telefonnummer vom Campingplatz geben?

Ja, die Telefonnummer ist 0251/31 19 82.

_____

20 Kreuzworträtsel (*Tipp:* Ü = UE)

					¹A	N	G	E	K	²O	M	M	E	N
	³Z	U	⁴M							B				
			O		⁵S	C	H	U	E	L	E	R		
			R		C					N				
⁶B	U	R	G	E	N				⁷T	A	F	E	L	
I			E		H				R					
L			N		L									
L		⁸Z		⁹U	N	T	E	R	¹⁰W	E	G	¹¹S	
I		E		C				F	A			I	
¹²G	E	L	D	H				F	R			B	
E		T		¹³B	E	R	E	I	T	E	T		
R		¹⁴E	U	R	O			N		E			
				O						N			
¹⁵A	U	F	E	N	T	H	A	L	T				

WAAGERECHT

1. Richard und David sind mit einem Zug in St. Goar ___.

3. Bis ___ Abendessen haben sie noch eine Stunde Zeit.

5. Frau Tischler und ihre ___ machen eine Klassenreise.

6. ___ Rheinfels steht direkt über der Jugendherberge.

7. Wichtige Informationen stehen auf einer ___ gleich am Eingang.

9. Richard und David sind schon zwei Wochen ___.

12. Bernd hat einer Dame im Büro ___ fürs Campen gegeben.

13. Man ___ das Essen in einer großen Küche zu.

14. Für die Übernachtung bezahlen Richard und David 12 ___.

15. Der Herbergsvater wünscht beiden einen angenehmen ___.

SENKRECHT

2. Die Jugendherberge in St. Goar liegt weit ___.

4. ___ werden sie einen Ausflug nach Mainz machen.

5. Kurt soll Bernd helfen, das ___ zusammenzurollen.

6. Alles ist in einer Jugendherberge ___ als in einem Hotel.

7. Am Nachmittag ___ sich ein paar Jugendliche vor der Jugendherberge.

8. Auf einem Campingplatz gibt es viele ___.

10. Esra und Corinna ___ auf Falko.

11. Frau Tischler ___ dem Herbergsvater ihre Mitgliedskarte.

21 Beschreib jedes der folgenden Wörter mit einem Satz!

Answers will vary.

1. die Jugendherberge

   _____

2. der Campingplatz

   _____

3. die Mitgliedskarte

   _____

4. der Herbergsvater

   _____

5. der Schlafsack

   _____

6. der Aufenthalt

   _____

7. der Kocher

   _____

8. das Zelt

   _____

9. der Eingang

   _____

10. die Luftmatratze

   _____

KAPITEL 3

Lektion A

1 ***Wohin möchtest du fahren?*** **Ergänze den Dialog mit bedeutungsvollen Sätzen!**

Sample answers:

Freund(in):	Wohin bist du letztes Jahr gefahren?
Du:	Letztes Jahr bin ich an einen See gefahren.
Freund(in):	Und wohin willst du dieses Jahr fahren?
Du:	Ich weiß noch nicht.
Freund(in):	Warum fährst du nicht wieder an den See?
Du:	Ich möchte lieber woanders hinfahren.
Freund(in):	Dann fahr doch in die Berge!
Du:	Das gefällt mir nicht.
Freund(in):	Das gefällt dir nicht? Warum denn nicht?
Du:	Ich fahre lieber an einen Strand.
Freund(in):	Warum fährst du nicht zur Nordsee?
Du:	Gute Idee. Wir sind vor drei Jahren an der Nordsee gewesen. Es hat uns dort sehr gut gefallen.
Freund(in):	Wo seid ihr da gewesen?
Du:	In der Nähe von Cuxhaven.
Freund(in):	Bei Cuxhaven wohnt mein Opa.
Du:	Kommt dein Opa manchmal hierher?
Freund(in):	Nein, er besucht uns nicht oft.
Du:	Na, bis später!
Freund(in):	Tschüs!

2 *Was fehlt hier?* **Ergänze die Sätze mit den Verben aus der Liste. Benutze die richtigen Verbformen!**

gefallen schlagen reisen erzählen rufen
machen meinen haben geben gehen sein sehen

1. Was _____ haben _____ Stainers vor?

2. Sie wollen eine Reise nach Süddeutschland _____ machen _____.

3. Beide _____ gehen _____ in ein Reisebüro.

4. Dort _____ schlägt _____ man ihnen bestimmt eine Reise vor.

5. Eine Angestellte _____ meint _____, dass sie vielleicht zur Insel Mallorca fahren sollen.

6. Stainers Nachbarn haben ihnen _____ erzählt _____, dass dort viel Betrieb ist.

7. Es _____ gefällt _____ Herrn Stainer nicht, auf einem Bauernhof Ferien zu machen.

8. Die Angestellte _____ sieht _____ im Computer nach.

9. Zum Chiemsee _____ gibt _____ es Sonderangebote.

10. In einer Pension _____ ist _____ noch etwas frei.

11. Die Angestellte _____ ruft _____ bei der Pension an.

12. Werden Stainers zum Chiemsee _____ reisen _____?

3 ***Marco schreibt seiner Freundin eine E-Mail.* Er schreibt ihr, was er alles in den Ferien macht. Schreib alles noch einmal, aber diesmal in der Vergangenheit *(simple past tense)*!**

Es regnet nicht sehr oft. Mit meiner neuen Kamera fotografiere ich die Umgebung. Ich interessiere mich besonders für die schönen Häuser. Bei Onkel Herbert macht alles viel Spaß. Am Wochenende wandern wir in den Bergen. Onkel Herbert zeigt mir das Haus seiner Eltern. Das Essen bei meinem Onkel und meiner Tante schmeckt gut. Ich spüle auch manchmal das Geschirr und mähe den Rasen. Am Abend höre ich Radio oder besuche meinen Cousin Rudi.

Es regnete nicht sehr oft. Mit meiner neuen Kamera fotografierte ich die Umgebung. Ich interessierte mich besonders für die schönen Häuser. Bei Onkel Herbert machte alles viel Spaß. Am Wochenende wanderten wir in den Bergen. Onkel Herbert zeigte mir das Haus seiner Eltern. Das Essen bei meinem Onkel und meiner Tante schmeckte gut. Ich spülte auch manchmal das Geschirr und mähte den Rasen. Am Abend hörte ich Radio oder besuchte meinen Cousin Rudi.

_____

_____

_____

_____

4 *Warum freuten sie sich?* Monikas Schulklasse hat eine Reise gemacht. Sie erzählt jetzt ihren Eltern darüber. Schreib alle Sätze in der Vergangenheit!

Beispiel: Wir planen unsere Reise schon lange.
Wir planten unsere Reise schon lange.

1. Ich freue mich auf die Reise.

   Ich freute mich auf die Reise.

2. Vor der Klassenreise kaufe ich noch einen Rucksack.

   Vor der Reise kaufte ich noch einen Rucksack.

3. Meine Mutter schenkt mir einen Schlafsack.

   Meine Mutter schenkte mir einen Schlafsack.

4. Vati und Mutti wünschen mir eine gute Reise.

   Vati und Mutti wünschten mir eine gute Reise.

5. Die Reise mit dem Bus dauert vier Stunden.

   Die Reise mit dem Bus dauerte vier Stunden.

6. Die ganze Zeit regnet es gar nicht.

   Die ganze Zeit regnete es gar nicht.

7. In der Jugendherberge begrüßt man uns.

   In der Jugendherberge begrüßte man uns.

8. Wir spielen oft Tischtennis oder Fußball.

   Wir spielten oft Tischtennis oder Fußball.

9. Ich besichtige ein kleines Museum in der Gegend.

   Ich besichtigte ein kleines Museum in der Gegend.

10. Nach einer Woche reisen wir wieder nach Hause zurück.

    Nach einer Woche reisten wir wieder nach Hause zurück.

5 *Der Chiemsee.* **Du hast schon etwas über den Chiemsee gelesen. Ergänze die folgenden Sätze mit bedeutungsvollen Wörtern und Ausdrücken!**

Sample answers:

1. Viele Touristen besuchen <u>den Chiemsee und seine Umgebung</u>

   _____.

2. Der Chiemsee liegt <u>in Süddeutschland</u>

   _____.

3. Am See gibt es <u>viele Hotels, Pensionen, Jugendherbergen und Campingplätze</u>

   _____.

4. König Ludwig II. baute <u>auf der Herreninsel ein Schloss</u>

   _____.

5. Man kann mit einem Schiff <u>zur Herreninsel fahren</u>

   _____.

6. Die Besucher folgen <u>den Schildern zum Schloss</u>

   _____.

7. Die meisten Leute gehen <u>zu Fuß zum Schloss</u>

   _____.

8. Vor dem Schloss steht <u>ein großer Marmorbrunnen</u>

   _____.

9. Im Schloss kann man <u>20 Zimmer besichtigen</u>

   _____.

10. König Ludwig II. lebte <u>nicht sehr lange</u>

   _____.

6 *König Ludwig II. und sein Schloss Herrenchiemsee.* **Lies die Information und beantworte dann die Fragen mit ganzen Sätzen!** (*Tipp: geöffnet* **open;** *ermäßigt* **reduced;** *Führungen* **guided tours;** *geschlossen* **closed;** *vollenden* **to complete;** *Räume* **rooms**)

Öffnungszeiten
April - 3. Oktober: 9.00-18.00 Uhr
4.-31.Oktober: 9.40-17.00 Uhr
November-März: 9.40-16.00 Uhr

Führungen (ca. 35 Min.) in Gruppen bis zu maximal 70 Personen

Geschlossen am:
1.1., Faschingsdienstag, 24.12., 25.12., 31.12.

Eintrittspreise
Schlossbesuch (inkl. Ludwig II.-Museum)   5,50 €
                                                  ermäßigt 4,50 €

Gesamtkarte   6,50 €
"Neues Schloss,   ermäßigt 5,50 €
Ludwig II.-Museum,
Augustiner-Chorherrenstift
Herrenchiemsee
(Altes Schloss),
Gemäldegalerie Exter"

 Café „König Ludwig II." im Neuen Schloss, Tel.: (0 80 51) 96 88 34; kein Ruhetag

Für König Ludwig II. von Bayern war der französische „Sonnenkönig" Ludwig XIV. die ideale Verkörperung des Königtums. Im Neuen Schloss wollte er sein lange geplantes Projekt eines „Neuen Versailles" verwirklichen, weniger als bewohnbares Schloss gedacht, sondern als glanzvolle Versinnbildlichung des Absolutismus. Das Neue Schloss ist aber keine reine Kopie von Versailles, sondern zitiert sein Vorbild in einigen typischen Teilen wie der Hauptfassade, Spiegelgalerie und Gesandtentreppe. So ist Schloss Herrenchiemsee, wenn auch unvollendet geblieben, ein eigenständiges Zeugnis des Historismus: Das Monument eines Königs, der seine königliche Rolle nur noch in der Fantasie spielen konnte. Rund zwanzig Prunkräume sind zu besichtigen.

1. In welchen Monaten ist das Schloss nicht so lange geöffnet?

   In den Monaten November bis März ist es nicht so lange geöffnet

   (9.40-16.00 Uhr).

2. In welchem Land ist Ludwig XIV. König gewesen?

   Er ist in Frankreich König gewesen.

3. Wie viel muss man für eine ermäßigte Karte bezahlen, wenn man das Schloss und das Museum besichtigen will?

   Man muss 4,50 Euro bezahlen.

4. Wo kann man Kaffee und Kuchen bekommen?

   Man kann Kaffee und Kuchen im Café „König Ludwig II." bekommen.

5. Wie lange dauern die Führungen?

   Sie dauern 35 Minuten.

6. Wie viele Tage im Dezember ist das Schloss geschlossen?

   Es ist drei Tage im Dezember geschlossen (24.12., 25.12. 31.12.).

7. Hat König Ludwig II. das ganze Schloss gebaut und vollendet?

   Nein, er hat es nicht vollendet. (Es ist unvollendet geblieben.)

8. Wie viele Räume kann man im Schloss besichtigen?

   Man kann ungefähr 20 Räume besichtigen.

KAPITEL 3

Lektion B

7 Das Wetter heute und die Wettervorhersage. Sieh dir den Wetterbericht und die Wettervorhersage an! Schreib mindestens acht Sätze über das Wetter in dieser Gegend und in den verschiedenen Städten!

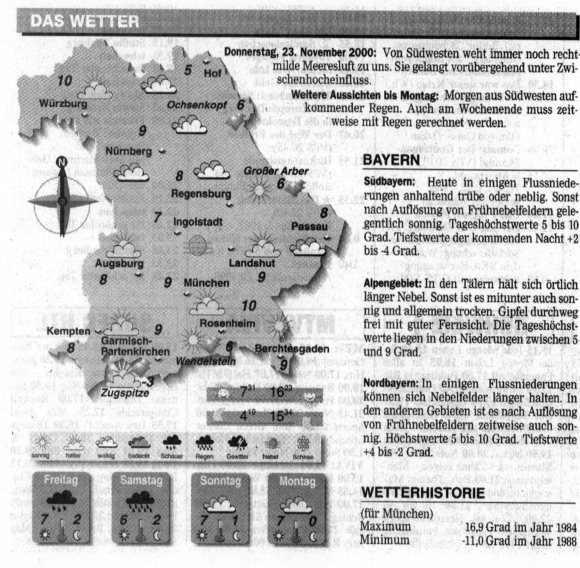

DAS WETTER

Donnerstag, 23. November 2000: Von Südwesten weht immer noch recht milde Meeresluft zu uns. Sie gelangt vorübergehend unter Zwischenhocheinfluss.

Weitere Aussichten bis Montag: Morgen aus Südwesten aufkommender Regen. Auch am Wochenende muss zeitweise mit Regen gerechnet werden.

BAYERN

Südbayern: Heute in einigen Flussniederungen anhaltend trübe oder neblig. Sonst nach Auflösung von Frühnebelfeldern gelegentlich sonnig. Tageshöchstwerte 5 bis 10 Grad. Tiefstwerte der kommenden Nacht +2 bis -4 Grad.

Alpengebiet: In den Tälern hält sich örtlich länger Nebel. Sonst ist es mitunter auch sonnig und allgemein trocken. Gipfel durchweg frei mit guter Fernsicht. Die Tageshöchstwerte liegen in den Niederungen zwischen 5 und 9 Grad.

Nordbayern: In einigen Flussniederungen können sich Nebelfelder länger halten. In den anderen Gebieten ist es nach Auflösung von Frühnebelfeldern zeitweise auch sonnig. Höchstwerte 5 bis 10 Grad. Tiefstwerte +4 bis -2 Grad.

WETTERHISTORIE

(für München)
Maximum   16,9 Grad im Jahr 1984
Minimum   -11,0 Grad im Jahr 1988

Name _____ Datum _____

Sentences will vary.

8 *Auskunft aus Hiddensee.* **Wie du am Anfang dieser Lektion gelesen hast, hat Herr Rösler ein Fax nach Hiddensee geschickt. Jetzt hat man ihm etwas Auskunft gegeben. Er liest die Beschreibung durch. Beantworte die Fragen mit ganzen Sätzen!**

Besuchen Sie Hiddensee
– die schöne Insel in der Ostsee!

Anreise mit dem Auto

Fahren Sie von Stralsund auf der Bundesstraße 96 bis Samstens, dann weiter nach Gingst über Trent nach Schaprode. Dort parken Sie am besten Ihr Auto, denn zur Insel dürfen keine Autos hin. Manchmal ist es im Sommer schwer, am Hafen einen Parkplatz zu finden. Keine Angst! Kurz vor dem Ort gibt es einen großen Parkplatz für Ihr Auto. Von Schaprode fahren Sie mit einem Schiff direkt zur Insel Hiddensee.

Anreise mit dem Zug

Vom Bahnhof Stralsund zum Hafen können Sie zu Fuß gehen (ca. 30 Minuten) oder mit einem Taxi fahren (ca. 10 Minuten). Wenn Sie von der Insel Rügen kommen, dann gehen Sie vom Bahnhof Bergen zum Busbahnhof (ca. 5 Minuten) zu Fuß. Mit dem Bus können Sie dann direkt zum Hafen in Schaprode kommen.

Mit dem Schiff oder Fähre

Von Schaprode aus fahren verschiedene Schiffe sieben Mal am Tag zur Insel. Fähren gibt es auch. Mit einer Fähre dauert es ungefähr 45 Minuten bis Hiddensee.

Keine Autos auf der Insel

Autos auf der Insel sind verboten. Wie kommt man auf der Insel herum? Zu Fuß oder mit dem Fahrrad. Das Gepäck kann man aber vom Hafen zur Pension oder Hotel abholen lassen. In der Schulzeit fährt ein Bus zwischen den kleinen Orten, denn die Schüler müssen ja auch zur Schule kommen

Wir hoffen, Sie bald bei uns zu begrüßen!

1. Wie kommt das Gepäck von Hafen zum Hotel?

   Man lässt es abholen.

2. Was macht man, wenn am Hafen in Schaprode kein Parkplatz ist?

   Man parkt das Auto vor dem Ort.

3. Wie oft fahren die Schiffe von Schaprode zur Insel?

   Sie fahren sieben Mal am Tag.

4. Wie kommt man von Stralsund zu dem kleinen Ort Samstens?

   Man fährt auf der Bundesstraße 96.

5. Wie kann man auf der Insel herumkommen?

   Man kann zu Fuß gehen oder mit dem Fahrrad fahren.

6. Was macht man mit viel Gepäck, wenn man auf dem Stralsunder Bahnhof ankommt und zum Hafen will?

   Man nimmt ein Taxi.

7. Was meinst du, ist ein Schiff oder eine Fähre langsamer?

   Eine Fähre ist langsamer.

8. Wie kommt man vom Bahnhof Bergen zum Busbahnhof?

   Man geht 5 Minuten zu Fuß.

9. Wie lange dauert es, mit einer Fähre bis Hiddensee zu fahren?

   Es dauert 45 Minuten.

10. Wie kommen die Schüler von den kleinen Orten zur Schule?

    Sie fahren mit einem Bus.

9 Was fehlt? Ergänze die Sätze mit den Wörtern aus der Liste!

> Bodensee   Nachbarn   Sonne   Grad   Fax
> Wohnzimmer   Broschüren   Land   Bayern   Auskunft   Jahr   Reise

1. Birgit fand es in _____ Bayern _____ ganz toll.

2. Herr Rösler sendet ein _____ Fax _____ nach Hiddensee.

3. Alle drei sehen sich verschiedene _____ Broschüren _____ an.

4. Auf der Insel ist es im August ungefähr dreißig _____ Grad _____.

5. Herr Rösler sitzt mit den beiden Mädchen im _____ Wohnzimmer _____.

6. Birgit liegt gern in der _____ Sonne _____.

7. Man wird Herrn Rösler am Telefon bestimmt _____ Auskunft _____ über die Insel geben.

8. Röslers _____ Nachbarn _____ waren schon einmal auf der Insel Hiddensee.

9. Letztes _____ Jahr _____ fuhr Melanie zur Nordsee.

10. Röslers planen eine _____ Reise _____.

11. Birgit fand es am _____ Bodensee _____ ganz toll.

12. Man meint, dass auf der Insel Hiddensee die Sonner öfter als auf dem _____ Land _____ scheint.

10 *Angelika schreibt einen Brief an ihre Freundin Tina.* **Kannst du den Brief in der Vergangenheit** *(simple past tense)* **schreiben?**

> Liebe Tina!
>
> Ich habe im Juli keine Schule. Wir besuchen Rudi oft. Er ist Monikas Freund. Bei ihm spielen wir meistens Karten. Manchmal gehen wir auch ins Kino. Gefällt dir das Foto von ihm? Wir sprechen viel von dir. Wir wissen immer noch nicht, wann dein Geburtstag ist. Wir treffen meinen Onkel und meine Tante am Freitag. Sie kommen aus Nürnberg.
>
> Viele Grüße!
>
> Deine Angelika

Ich hatte im Juli keine Schule. Wir besuchten Rudi oft. Er war Monikas Freund.

Bei ihm spielten wir meistens Karten. Manchmal gingen wir auch ins Kino.

Gefiel dir das Foto von ihm? Wir sprachen viel von dir. Wir wussten immer

noch nicht, wann dein Geburtstag ist (war). Wir trafen meinen Onkel und

meine Tante am Freitag. Sie kamen aus Nürnberg.

_____

_____

_____

_____

_____

11 Rewrite each of the following sentences, first in the past tense and then in the present perfect tense.

1. Leider habe ich heute keine Zeit.

   Leider hatte ich heute keine Zeit.

   Leider habe ich heute keine Zeit gehabt.

2. Wir fahren am Wochenende zur Nordsee.

   Wir fuhren am Wochenende zur Nordsee.

   Wir sind am Wochenende zur Nordsee gefahren.

3. Der Strand gefällt uns sehr.

   Der Strand gefiel uns sehr.

   Der Strand hat uns sehr gefallen.

4. Petra liest sehr gern.

   Petra las sehr gern.

   Petra hat sehr gern gelesen.

5. Heute ist ein schöner Tag.

   Heute war ein schöner Tag.

   Heute ist ein schöner Tag gewesen.

6. Wer bringt ein Geschenk?

   Wer brachte ein Geschenk?

   Wer hat ein Geschenk gebracht?

12 Was passt hier?

  H   1. Zeppelin-Museum   A. Zeppelin

  F   2. Blumeninsel   B. Meersburg

  C   3. Südwestlichste Stadt   C. Lindau

  G   4. Freiburg   D. Köln

  E   5. Susannes Schule   E. Bremen

  A   6. Vorgänger des Flugzeugs   F. Mainau

  B   7. das Alte Schloss   G. Schwarzwald

  D   8. Danielas Wohnung oder Haus   H. Friedrichshafen

13 Was beschreibt man hier? Nenne das Wort, von dem man hier spricht!

1. Wenn man segelt, dann sitzt man in einem _____Segelboot_____.

2. Freiburg ist eine bekannte _____Stadt_____ im Schwarzwald.

3. Auf einer _____Autobahn_____ kann man schneller als auf einer Landstraße oder Bundesstraße fahren.

4. Wenn es stark regnet, dann gibt es einen _____Regenschauer_____.

5. Einen Brief beendet man oft mit „Herzliche _____Grüße_____".

6. Der Bodensee liegt an der Grenze zu der Schweiz, Deutschland und _____Österreich_____.

7. Vor dem _____Flugzeug_____ gab es den Zeppelin.

8. Das Bundesland Bayern liegt im _____Süden_____ Deutschlands.

9. Es ist besonders schön, wenn man beim Segeln Sonne und _____Wind_____ hat.

10. Wenn es um ein Land nur Wasser gibt, dann nennt man es eine _____Insel_____.

14 **Übernachtung in Meersburg.** Danielas Eltern haben auf ihrer Reise zum Bodensee in Meersburg übernachtet. Vor der Abreise hat ihr Vater ein Zimmer reserviert. Er hat vorher ein Formular ausgefüllt und es per Fax nach Meersburg geschickt. Kannst du das Formular für Danielas Vater ausfüllen und auch die Wörter auf Englisch identifizieren? Sei so kreativ wie möglich!

Zimmersuche leichtgemacht ✂

Wir wünschen Ihnen einen erholsamen Urlaub von Anfang an. Überlassen Sie deshalb Ihre Zimmersuche unserem Feriencomputer. Er findet mühelos und in Sekundenschnelle Ihr gewünschtes Ferienquartier.

Bitte ankreuzen und den ausgefüllten Abschnitt zuschicken!

Ich suche für .... Erwachsene und ..... Kinder im Alter von ...., ... Jahren folgende Unterkunft:

❏ Einzelzimmer ❏ Doppelzimmer ❏ Dreibettzimmer ❏ Ferienwohnung
❏ Dusche/Bad/WC ❏ Dusche bzw. Bad ❏ Etagendusche ❏ fl. w./k. Wasser

Absender: _____

_____ Tel. _____

Mein Wunschtermin: _____ – _____ Ersatztermin: _____ – _____
Hotel/Pension/Privatzimmer pro Person ca. DM .... bis DM .... /Nacht
Ferienwohnung DM .... bis DM .... /Nacht

Ich bitte um entsprechende ❏ Reservierung ❏ Angebot *(Rückporto liegt bei)*

Gemeinsam für Sie da: Reservierungsgemeinschaft Reiseverkehrsbüro Meersburg mit Gästeinformation Meersburg:

Reiseverkehrsbüro Meersburg	**Gästeinformation**
Unterstadtstr. 25, 88709 Meersburg	Tourismus Meersburg
Tel. ++49(0)7532-8 04-40	Kirchstr. 4, 88709 Meersburg
Fax ++49(0)7532-8 04-48	Tel. ++49(0)7532-43 11-10
E-Mail: rvb-meersburg@t-online.de	Fax ++49(0)7532-43 11-20
Internet: www.mittlerer-bodensee.de	E-Mail: info@meersburg.de

Was bedeuten diese Wörter auf Englisch?

1. leichtgemacht: _made easy_____

2. ankreuzen: _to check/mark_____

3. Unterkunft: _accommodation_____

4. Einzelzimmer: _single room_____

5. Absender: _return address, sender_____

6. Wunschtermin: _desired date_____

7. Nacht: _night_____

8. Reiseverkehrsbüro: _travel agency_____

15 *Wohin ich reisen möchte.* **Schreib einen kurzen Aufsatz** *(essay)* **über dieses Thema. Dein Aufsatz soll diese Fragen beantworten: Wann, wie lange, mit wem du dorthin möchtest; wie viel Geld es kostet und wie du es bezahlen kannst; was du alles mitnehmen musst.**

Sentences will vary.

_____

_____

_____

_____

_____

_____

_____

_____

_____

_____

_____

_____

_____

_____

_____

_____

_____

_____

_____

_____

Name ______________________ Datum ______________

16 Kreuzworträtsel (*Tipp:* Ä = AE; Ü = UE)

1 GESCHICHT
2 GEWESEN
2 GRAD
3 MITTELALTER
4 FAND
5 STRAND
6 SITZEN
7 FOLGE
8 SENDET
9 BELIEBT
9 BODENSEE
10 NACHBARN
11 SICHT
12 CHIEMSEE
13 UEBERNACHTETEN
14 SCHLAEGT
15 STEHT
16 SEGELTEN
17 GA
18 DAUERTE
19 BAUTE

WAAGERECHT

2 Stainers sind letztes Jahr in den Bergen ___.

5. Birgit liegt gern am ___.

6. Herr Rösler, Birgit und Melanie ___ im Wohnzeimmer und sprechen über ihre Ferienreise.

8. Herr Rösler ___ ein Fax.

9. Die spanische Insel Mallorca ist sehr ___.

13. Auf dem Weg nach Hause ___ Daniela, ihr Bruder und ihre Eltern in Freiburg.

14. Die Angestellte ___ den Chiemsee vor.

15. Ein großer Marmorbrunnen ___ vor dem Schloss.

16. Am ersten Tag ___ sie auf dem See.

18. Die Reise ___ fünf Stunden.

19. König Ludwig II. ___ das Schloss im Jahr 1878.

SENKRECHT

1. Danielas Bruder interessiert sich für die ___ des Zeppelins.

2. Die Tageshöchsttemperatur auf der Insel Hiddensee im August ist ungefähr 30 ___.

3. Lindau ist eine Stadt aus dem ___.

4. Birgit ___ es besonders am Bodensee ganz toll.

7. Man kann den Schildern zum Schloss ___.

9. Daniela war vor zwei Wochen am ___.

10. Stainers ___ waren im Mai auf einem Bauernhof.

11. Die Angestellte ___ im Computer nach.

12. Er liegt in Bayern, zwischen München und Salzburg.

17. Letztes Jahr ___ es an der Nordsee oft Regenschauer.

KAPITEL 4

Lektion A

Beantworte die Fragen!

1. Was wollte Katrina am Donnerstag machen?

   Sie wollte eine E-Mail an ihre Freundin senden.

2. Warum konnte Katrina am Montag keine Hausaufgaben machen?

   Sie hat ihr Buch in der Schule gelassen.

3. Wer hat bald Geburtstag?

   Marco hat bald Geburtstag.

4. Warum durfte Marco mit seinen Freunden nicht Karten spielen?

   Er hat seine Hausaufgaben nicht gemacht.

5. An welchem Tag hat Frau Meier die Wäsche gewaschen?

   Sie hat sie am Sonnabend gewaschen.

6. Was hat Marcos Vater am Mittwoch gemacht?

   Er hat im Garten gearbeitet.

7. Warum konnte Herr Meier am Montag keine Zeitschrift lesen?

   Sie wird erst am Freitag mit der Post kommen.

8. Hat Marco am Donnerstag seine Hausaufgaben gemacht?

   Nein, er hat in seinem Zimmer Rockmusik gehört.

9. Warum ist Katrinas Vater am Dienstag nicht früher zu Hause gewesen?

   Er musste länger im Büro arbeiten.

10. Was hat Frau Meier am Mittwoch gemacht?

    Sie hat auf einer Bank gesessen und einen Roman gelesen.

2 Was fehlt hier? Ergänze die Sätze mit den richtigen Verbformen!

Enisa sollte ihrer Mutter _____helfen_____. Heute hat sie viel zu

_____tun_____. Enisa _____kommt_____ gleich. Ihre Mutter hat ihr

_____gesagt_____, sie soll die Wäsche bügeln. Goran hat die Wäsche schon

_____gewaschen_____. Er _____hat_____ es schon heute Morgen gemacht.

Hat Goran schon sein Fahrrad _____repariert_____? Ja, das hat er auch schon

_____gemacht_____. Warum _____ist_____ oben so viel Lärm? Boris

_____staubsaugt_____ die Zimmer. _____Soll_____ er auch die Küche

aufräumen? Nein, seine Mutter _____wird_____ das machen. Zuerst

_____bereitet_____ sie aber das Abendessen zu. Enisas Vater

_____mäht_____ noch den Rasen. Am Abend _____kommt_____ der

Besuch.

3 Schreib jeden Satz noch einmal! Provide the past tense for each sentence.

1. Ich darf am Samstag nicht in die Disko.

   Ich durfte am Samstag nicht in die Disko.

2. Peter will seine Freundin besuchen.

   Peter wollte seine Freundin besuchen.

3. Mögen Sie den Tee?

   Mochten Sie den Tee?

4. Die Schüler müssen erst um neun Uhr in die Schule.

   Die Schüler mussten erst um neun Uhr in die Schule.

5. Kannst du den Brief lesen?

   Konntest du den Brief lesen?

6. Erika soll noch schnell zur Post gehen.

   Erika sollte noch schnell zur Post gehen.

4 ***Was ist denn heute alles bei Familie Strunk los? Sieh dir die Zeichnung (illustration) an und schreib dann ein paar Sätze, was Monika, Daniel (ihr Bruder) und Herr und Frau Strunk am Wochenende machen!***

Answers will vary.

1. Herr Strunk: _____

_____

_____

_____

_____

_____

_____

_____

2. Frau Strunk: _____

_____

_____

_____

_____

_____

_____

3. Monika: _____

_____

_____

_____

_____

_____

_____

4. Daniel: _____

_____

_____

_____

_____

_____

_____

5 *Beantworte die Fragen!* **Die Antworten findest du in dem Text „In einer Großstadt".**

1. Warum wohnt Miriam Schröder nicht mit beiden Eltern?

   Ihre Eltern sind geschieden.

2. Wann und wo besucht Miriam meistens ihre Mutter?

   Sie besucht sie meistens im Sommer in Düsseldorf.

3. Seit wann gibt es die Mauer nicht mehr?

   Es gibt sie nicht mehr seit 1989.

4. Was ist heute für Herrn Schröder ein Vorteil?

   Die Auswahl in den Kaufhäusern ist größer.

5. Wann weiß Miriam erst, ob sie auf einer Universität studieren kann?

   Sie muss zuerst ihr Abitur machen.

6. Warum wird sie nächstes Jahr mehr englisch sprechen?

   Sie wird nach Amerika reisen.

7. Was passiert dieses Jahr?

   Einige amerikanische Schüler kommen nach Leipzig.

8. Nenne drei bekannte Sehenswürdigkeiten in Leipzig und warum sie so bekannt sind!

   Answers will vary.

   _____

   _____

9. Senden sich Miriam und Sarah manchmal Fotos mit der Post?

   Nein, sie senden sie mit der E-Mail.

10. In welcher Sprache schreiben Miriam und Sarah meistens?

   Meistens schreibt Sarah auf Deutsch und Miriam auf Englisch.

6 *Leipzig.* **Lies die kurzen Artikel über bekannte Personen und Sehenswür-digkeiten in Leipzig! Dann wähle die Beschreibung, die mit der Person oder Sehenswürdigkeit etwas zu tun hat!**

Bach-Stadt

Den Namen verdankt die Stadt dem Wirken J. S. Bachs als Director musices lipsiensis und Thomaskantor von 1723-1750 und der Pflege seines Erbes durch das Bach-Archiv, den Thomanerchor, das Gewandhausorchester ...

Hauptbahnhof

Einer der größten europäischen Kopfbahnhöfe und mit den „Hauptbahnhof-Promenaden", modernstes Shopping-, Dienstleistungs- und Servicezentrum.

Thomanerchor

Der Thomanerchor ist vor über 800 Jahren aus der gottesdienstlichen Kunstausübung am ehemaligen Augustiner-Chorherrenstift hervorgegangen und heute im In- und Ausland sehr geschätzt.

Völkerschlachtdenkmal

Größter Denkmalsbau Europas mit einer Aussichtsplattform in 91 m Höhe, zum Gedenken an die Völkerschlacht 1813 errichtet.

Goethe und Auerbachs Keller

Goethe selbst studierte in Leipzig 1765-1768. Der Auerbachs Keller ist durch die Szene „Auerbachs Keller in Leipzig" in seinem Nationaldrama „Faust" heute ein weltbekanntes Lokal.

Oper Leipzig

Die Oper Leipzig ist mit einer über 300jährigen Operntradition die zweitälteste deutsche Musikbühne, dem Erbe Richard Wagners verpflichtet, und immer wieder mit Ereignissen von europäischer Dimension aufwartend.

Altes Rathaus

Eines der schönsten deutschen Renaissancerathäuser, erbaut 1556/1557 in nur neun Monaten Bauzeit.

Leipzig — Stadt der friedlichen Revolution

Leipzig war der Ausgangspunkt der friedlichen Revolution von 1989. Hier finden Sie die Originalschauplätze Nikolaikirche, Augustusplatz, Promenadenring, Museum in der „Runden Ecke".

__D__	1.	Bach-Stadt
__B__	2.	Thomanerchor
__A__	3.	Goethe und Auerbachs Keller
__G__	4.	Leipzig — Stadt der friedlichen Revolution
__H__	5.	Altes Rathaus
__E__	6.	Hauptbahnhof
__C__	7.	Völkerschlachtdenkmal
__F__	8.	Oper Leipzig

A. Es ist ein bekanntes Restaurant. Es ist durch Goethes „Faust" auf der ganzen Welt bekannt.

B. In dieser Kirche singt ein bekannter Chor. Es sind nur Jungen bis ungefähr 13 Jahren.

C. Hier war vor fast 200 Jahren eine große Schlacht.

D. Sebastian war der Kantor 27 Jahre lang.

E. Von hier fahren jeden Tag viele Züge ab.

F. Dort hat man schon seit dreihundert Jahren Aufführungen gemacht.

G. Es war der Anfang vom Ende der Mauer.

H. Es steht direkt auf dem Markt in der Stadtmitte und ist schon ungefähr 450 Jahre alt.

7 Was fehlt hier? Ergänze die Ausdrücke mit sinnvollen Verben!

1. länger im Büro arbeiten _____

2. die Wäsche waschen _____

3. im Haus viel Lärm machen _____

4. einen Roman lesen _____

5. einen Pulli stricken _____

6. das Zimmer staubsaugen _____

7. wenig Zeit haben _____

8. zu einer Familie zu Besuch kommen _____

9. das Fahrrad reparieren _____

10. das Essen zubereiten _____

11. im Zimmer aufräumen _____

12. den Rasen mähen _____

KAPITEL 4

Lektion B

8 *Wie heißen die Tiere?* **Schreib auch den Artikel und die Pluralform für jedes Wort!**

1. <u>das Schwein, die Schweine</u>

2. <u>das Pferd, die Pferde</u>

3. <u>das Huhn, die Hühner</u>

4. <u>der Fisch, die Fische</u>

5. <u>die Gans, die Gänse</u>

6. <u>das Schaf, die Schafe</u>

7. <u>die Katze, die Katzen</u>

8. <u>die Ziege, die Ziegen</u>

9. <u>der Vogel, die Vögel</u>

10. <u>der Hund, die Hunde</u>

11. <u>die Kuh, die Kühe</u>

12. <u>die Ente, die Enten</u>

9 **Beantworte die Fragen!**

1. Wer begrüßt Michaela sofort, wenn sie nach Hause kommt?

   Ihr Hund Arno begrüßt sie sofort.

2. Warum ist Michaelas Mutter nicht gleich zu Hause?

   Sie arbeitet bis zum frühen Nachmittag.

3. Wer spricht mit Michaela, bevor ihre Mutter nach Hause kommt?

   Ihr Papagei spricht mit ihr.

4. Wo füttert Michaela ihren Vogel?

   Sie füttert ihn im Wohnzimmer.

5. Was macht Arno während Michaela ihren Vogel füttert?

   Er schläft.

6. Was wird Michaela am nächsten Tagen machen?

   Sie wird den Käfig sauber machen.

7. Was tut Michaela weh?

   Ihre Hand tut weh.

8. Wo ist das passiert?

   Es ist beim Basketballspiel passiert.

10 *Häuser oder Wohnungen.* **Sieh dir die folgenden Anzeigen und entscheide, welche Beschreibungen zusammenpassen! Hier sind ein paar wichtige Wörter:** *mieten / vermieten* **to rent;** *der Balkon* **balcony;** *mindestens* **at least;** *Einzelperson* **single person,** *der Ort* **town**

    C   1. Nordstrand

    G   2. Älteres Ehepaar

    B   3. Altenau/Oberharz

    F   4. Hattstedt

    A   5. Husby, OT Markerup

    E   6. Leck und Achtrup

    D   7. Breklum

A. Dieses kleine Gartenhaus will man an eine Person vermieten.

B. Man vermietet eine Ferienwohnung. Sie kostet mindestens € 26,- pro Person.

C. Da gibt es eine kleine Zweizimmerwohnung am Strand zu vermieten.

D. Wenn man diese Wohnung mieten will, dann ruft man direkt in dem Ort bei 931632 an.

E. In diesen beiden Orten gibt es Dreizimmerwohnungen zu mieten.

F. Das Haus kostet € 650,- zu mieten.

G. Ein Mann und seine Frau wollen eine Dreizimmerwohnung oder größer mit Balkon mieten.

11 Ergänze die folgenden Sätze!

Sample answers:

1. Das Wetter ist toll zum ____Fotografieren____.

2. Beim ____Fahren____ muss man gut sehen können.

3. Mit dem ____Sprechen____ geht es jetzt viel besser.

4. Zum ____Sitzen____ braucht man einen Stuhl.

5. Beim ____Lesen____ soll es nicht laut sein.

6. Zum ____Reiten____ braucht man eines gutes Pferd.

7. Zum ____Schreiben____ braucht man gute Augen.

8. Beim ____Spielen____ ist das mit der Hand passiert.

12 **Was fehlt hier? Ergänze die Sätze mit den Wörtern aus der Liste!**

Bewegung Spaß Jahr Weg Koppel Ställe Frühstück
Besitzer Pferde Sommerferien Bauernhof Stadt Freundinnen Leben Stunde Tage

Die drei ____Freundinnen____ — Elke, Sofie und Angelika — wohnen in Köln. In

ihren ____Sommerferien____ verbringen sie 14 ____Tage____ auf einem

Bauernhof. Im letzten ____Jahr____ hat es ihnen so gut gefallen, dass sie

jetzt wieder dorthin fahren wollen. Die Mädchen interessieren sich besonders für

die ____Pferde____. Es macht viel ____Spaß____, zu reiten. Zuerst

müssen sie aber noch auf dem ____Bauernhof____ helfen.

Alle drei helfen, die ____Ställe____ auszumisten. Nach dem

____Frühstück____ füttern sie die Tiere. Danach reiten sie aus der

____Koppel____ hinaus. Die Pferde müssen viel ____Bewegung____

haben, denn sie stehen fast den ganzen Tag im Stall. Aus der Koppel reiten die

drei auf ihrem beliebten ____Weg____. Sie reiten fast immer eine

____Stunde____. Der ____Besitzer____ des Bauernhofs hat es gern,

dass Jugendliche auf seinen Bauernhof kommen. Den Jugendlichen gefällt es

auch, denn sie kommen aus der ____Stadt____ heraus und lernen etwas

über das ____Leben____ auf dem Land.

13 **Ergänze die folgenden Ausdrücke mit bedeutungsvollen Wörtern!**

Sample answers:

1. den Stall ausmisten _____

2. die Tiere füttern _____

3. aus der Koppel hinausreiten _____

4. etwas über einen Bauernhof lernen _____

5. sich für die Tiere auf einen Bauernhof _interessieren_____

6. viel Bewegung _brauchen_____

7. in der Großstadt _wohnen_____

8. sich um das Füttern und Säubern der Tiere _kümmern_____

9. viel Gelegenheit _haben_____

10. auf dem Bauernhof _helfen_____

14 ***Möchtest du lieber in einer Kleinstadt oder in einer Großstadt wohnen?
Schreib mindestens fünf Gründe (reasons), warum du da wohnen willst!***

Beispiele: In einer Kleinstadt ist es nicht so laut.
In einer Großstadt ist zu viel Betrieb.

1. _Sentences will vary._____

_____

_____

2. _____

_____

_____

3. _____

_____

_____

4. _____

_____

_____

5. _____

_____

_____

15 **Sieh dir Landkarte von Liechtenstein an und beantworte dann die Fragen!**

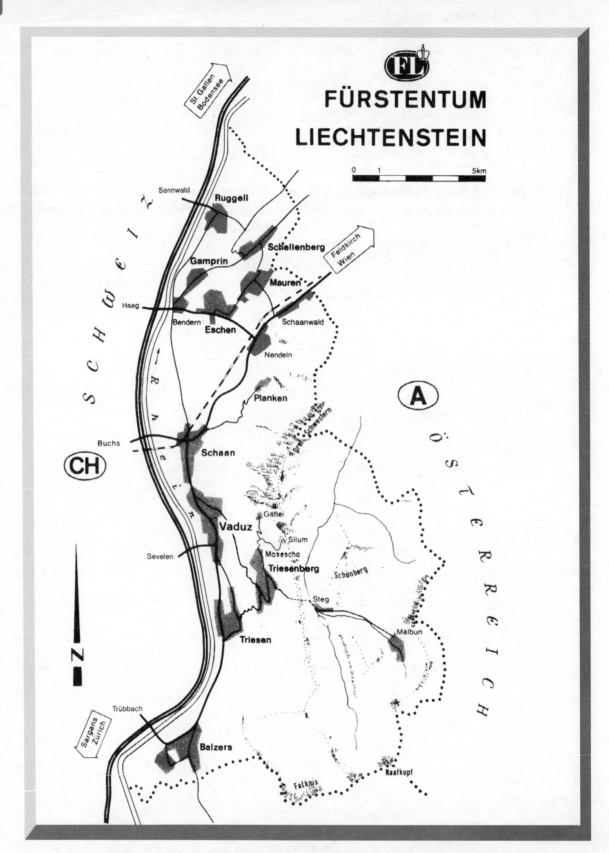

1. Auf welcher Seite des Rheins liegt die Schweiz?

   Die Schweiz liegt auf der westlichen Seite des Rheins.

   _____

2. Ungefähr wie weit ist es von Vaduz nach Balzers?

   Ungefähr acht Kilometer.

   _____

3. Wie kommt man von Vaduz nach Zürich?

   Man fährt nach Süden.

   _____

4. Welche kleine Stadt liegt direkt nördlich von Vaduz?

   Schaan liegt da.

   _____

5. Ist es weiter von Osten nach Westen oder von Süden nach Norden?

   Es ist weiter von Süden nach Norden.

   _____

6. Wie viele Nachbarländer hat Liechtenstein? Wie heißen sie?

   Liechtenstein hat zwei Nachbarländer, Österreich und die Schweiz.

   _____

16 Beantworte diese Fragen über das Lesestück „Das Fürstentum Liechtenstein"!

1. Wie groß ist Liechtenstein?

   <u>Es ist so groß wie Washington, D.C.</u>

2. Welches Land liegt westlich von Liechtenstein?

   <u>Die Schweiz.</u>

3. Ist das Land in Liechtenstein flach?

   <u>Nein, es gibt da viele Berge.</u>

4. An welchem Fluss liegt das Fürstentum?

   <u>Es liegt am Rhein.</u>

5. Seit wann ist Liechtenstein ein Fürstentum?

   <u>Seit 1719.</u>

6. Wie viele Einwohner wohnen in dem Fürstentum?

   <u>Ungefähr 30 000 Einwohner.</u>

7. Wo steht das Schloss?

   <u>Auf dem Berg.</u>

8. Was hat Liechtenstein schon seit 1912?

   <u>Seine eigenen Briefmarken.</u>

17 *Können Sie mir etwas über das Haus sagen?* **Stell dir vor (imagine), du möchtest ein Haus kaufen. Die Maklerin (real estate agent) beantwortet deine Fragen.**

Sample answers:

Du: <u>Wo ist das Haus?</u>

Maklerin: Es ist nicht weit von hier entfernt.

Du: <u>Wie groß ist es?</u>

Maklerin: Es hat drei Schlafzimmer, ein Esszimmer, eine Küche und ein Bad.

Du: <u>Ist es sehr alt?</u>

Maklerin: Nein, es ist erst acht Jahre alt.

Du: <u>Wer wohnt jetzt da?</u>

Maklerin: Eine Familie mit zwei Kindern.

Du: <u>Haben sie ein anderes Haus gekauft?</u>

Maklerin: Ja, ein größeres Haus auf dem Land.

Du: <u>Wie viel kostet das Haus denn?</u>

Maklerin: 120.000 Euro.

Du: <u>Ist das nicht sehr teuer?</u>

Maklerin: Teuer? Nein. In dieser Gegend kosten die meisten Häuser viel mehr.

Du: <u>Glauben Sie, ich kann es preiswerter kaufen?</u>

Maklerin: Preiswerter? Sie können es ja mal versuchen.

18 *Willst du auf einem Bauernhof wohnen? Warum? Warum nicht?* **Schreib mindestens sechs Sätze darüber!**

<u>Sentences will vary.</u>

_____

_____

_____

_____

_____

_____

_____

_____

19 *Kannst du die fehlenden Wörter raten? Die Anfangsbuchstaben (beginning letters), von oben nach unten gelesen, bilden ein Wort, von dem du viel in diesem Kapitel gelesen hast. (Tipp: Man findet es auf dem Land.)*

1. Das Schloss in Liechtenstein steht auf einem _____Berg_____.

2. _____Arno_____ heißt Michaelas Hund.

3. Miriam will in zwei Jahren vielleicht an einer _____Universität_____ studieren.

4. Eine _____Ente_____ schwimmt auf dem Wasser.

5. Frau Meier saß auf einer Bank und las einen _____Roman_____.

6. In der Leipziger _____Nicolaikirche_____ hat man im Jahr 1989 eine friedliche Revolution angefangen.

7. Katzen und Hunde sind _____Haustiere_____.

8. Leipzig liegt im _____Osten_____ Deutschlands.

9. Miriam und Sarah senden sich oft E-Mails mit einem Anhang von _____Fotos_____.

20 Kreuzworträtsel (*Tipp:* Ä = AE; Ü = UE)

WAAGERECHT

1. Die Besitzer des Bauernhofs haben es ___, wenn Jugendliche zu ihnen kommen.

2. Die jungen Leute lernen etwas über das ___ auf einem Bauernhof.

6. Boris ___ im Wohnzimmer.

7. Goran hat schon am Morgen sein Fahrrad ___.

11. ___ war Kantor in der Thosmaskirche.

12. Die drei Mädchen misten die Ställe ___.

13. Der Papagei sitzt im ___.

14. Michaela muss jeden Tag die Haustiere ___.

15. Miriam Schröder wohnt in ___.

16. Michaelas ___ heißt Arno.

SENKRECHT

1. ___ ist ein bekannter deutscher Dichter.

3. Elke, Sofie und Angelika sind zwei Wochen im Sommer auf einem ___.

4. Seit 1989 gibt es in Deutschland keine ___ mehr.

5. Sarah wird Miriam dieses Jahr ___.

8. Rudi ist Michaelas ___.

9. Die drei Mädchen ___ auf ihren Pferden aus der Koppel hinaus.

10. Enisa soll die Wäsche ___.

KAPITEL 5

Lektion A

1 *Wir haben Appetit auf...* **Du und dein Freund oder deine Freundin seid in ein deutsches Restaurant gegangen. Ihr seht euch beide die Speisekarte an und sagt dann dem Kellner, was ihr bestellen wollt. Ihr beide möchtet jeder ein Getränk, eine Vorspeise, eine Hauptspeise und einen Nachtisch. Mach eine Liste und schreib darauf, was ihr bestellt und wie viel alles kostet!**

Answers will vary.

LISTE

Was wir bestellen   **Preis**

Getränk für mich: _____   _____

Getränk für Freund(in): _____   _____

Vorspeise für mich: _____   _____

Vorspeise für Freund(in): _____   _____

Hauptspeise für mich: _____   _____

Hauptspeise für Freund(in): _____   _____

Nachspeise für mich: _____   _____

Nachspeise für Freund(in): _____   _____

Alles zusammen kostet: **€** _____

Name _____ Datum _____

2 Was fehlt? Ergänze die Sätze mit den Wörtern aus der Liste!

Kühlschrank Regenschauer Erdnussbutter Schule Schwester
Milch Tür Nachmittag Spargel
Schlüssel Onkel Marmelade
Schweinebraten Brötchen Tante Fleischer Bus

1. Am _____ Nachmittag _____ will Dieters Mutter zum
   _____ Fleischer _____ gehen.

2. Dieter wollte die _____ Schlüssel _____ seiner Mutter mitnehmen.

3. Dieter will _____ Milch _____ trinken.

4. Dieters Mutter wird _____ Schweinebraten _____ für den Besuch
   zubereiten.

5. Dieter holt die _____ Marmelade _____ aus dem
   _____ Kühlschrank _____ .

6. Als Gemüse wird Dieters Mutter _____ Spargel _____ anbieten.

7. Die _____ Schwester _____ von Dieters Freund klingelt an der
   _____ Tür _____ .

8. Dieters Mutter hat heute Morgen beim Bäcker _____ Brötchen _____
   gekauft.

9. Heute ist das Wetter nicht so schön; es gibt _____ Regenschauer _____ .

10. Später kommen _____ Tante _____ Frieda und
    _____ Onkel _____ Hans.

11. Dieters Mutter möchte keine Marmelade; aber sie will
    _____ Erdnussbutter _____ auf ihrem Brötchen essen.

12. Dieter fährt heute mit dem _____ Bus _____ zur
    _____ Schule _____ .

3 Bilde ganze Sätze!

Beispiel: ich / kennen / die Schwester / Amerikaner / nicht
Ich kenne die Schwester des Amerikaners nicht.

1. Farbe / Bluse / mir gefallen / sehr gut

   Die Farbe der Bluse gefällt mir sehr gut.

2. hören / du / Musik / Band

   Hörst du die Musik der Band?

3. wir / besuchen / Museum / Stadt

   Wir besuchen das Museum der Stadt.

4. ich / fahren / Auto / mein Vater

   Ich fahre das Auto meines Vaters.

5. Erich / schicken / Paket / seine Mutter

   Erich schickt das Paket seiner Mutter.

6. kaufen / ihr / Karten / unsere Lehrerin

   Kauft ihr die Karten unserer Lehrerin?

7. Preis / Mantel / sein / sehr hoch

   Der Preis des Mantels ist sehr hoch.

8. haben / du / Telefonnummer / ihr Freund

   Hast du die Telefonnummer ihres Freundes?

Name _____ Datum _____

4 Ergänze die folgenden Sätze!

Answers will vary.

1. Während _____

_____

2. Trotz _____

_____

3. Wegen _____

_____

4. Anstatt _____

_____

5 Wessen...ist das? Sag, wem diese Sachen gehören!

Beispiel: Haus / meine Mutter
Das ist das Haus meiner Mutter.

1. Auto / dein Großvater

Das ist das Auto deines Großvaters. _____

2. Gitarre / seine Schwester

Das ist die Gitarre seiner Schwester. _____

3. Broschüre / unser Reisebüro

Das ist die Broschüre unseres Reisebüros. _____

4. Computer / ihr Bruder

Das ist der Computer ihres Bruders. _____

5. das Fahrrad / mein Lehrer

Das ist das Fahrrad meines Lehrers. _____

6. Brief / euere Eltern

Das ist der Brief euerer Eltern. _____

6 *Wo kann man in Waldkirch essen?* **Waldkirch im Schwarzwald hat, wie andere deutsche Städte, viele Restaurants, wo man essen kann. Lies die verschiedenen Anzeigen und ergänze dann die Sätze!**

Waldhaus
Gasthaus · Pension

Haus in ruhiger Lage
Zimmer mit Du. + WC, TV, Tel.
Gepflegte, gutbürgerliche Küche
Räume für Tagungen und Familienfeiern
bis 100 Personen
Warme Küche 11.00 - 23.30 Uhr
Dienstag Ruhetag

Am Moosrain 2 · 79183 Waldkirch-Kollnau
Tel. 07681/ 73 09

Jeden Sonntag und Feiertag
Frühstücks-Buffet
von 10.00 bis 14.00 Uhr

Machen Sie sich eine
Freude und frühstücken
Sie ausgiebig.

Cafe Birkle
Bäckerei Konditorei
Waldkirch/Batzenhäusle
Tel. 0 76 81/2 30 74

Gasthaus „Hirschen"
Waldkircher Hirschbräu
*Urgemütliche badische
Brauereigaststätte*

Biergarten - Nebenzimmer - Saal
Spezialitäten der
badischen - schwäbischen - elsässischen
Küche

Grillhaxen - Leberle sauer -
Amerikanische Riesenpizzas
Täglich außer montags

Hermann Nikolaus und Ilona Lorenz
Lange Str. 54
79183 Waldkirch
Tel. 07681/ 6642

Park - Cafe - Patisserie

Wir sind bekannt für unser außerge-
wöhnliches Angebot in Kuchen, Torten,
Desserts und Service. Nur wer es kennt,
weiß welches Erlebnis er bei uns erwartet.

Auf Ihren Besuch freuen sich
Armand Maier und sein Team.
Di. Ruhetag, Öffnungszeiten 10.⁰⁰-18.¹⁰ Uhr
Ringstr. 18 • 79183 Waldkirch
Tel : 0 76 81/67 85

EIS SALON
ÜBER 90 JAHRE
Toscani
Inh.: E. Toscani
Lange Str. 26 · 79183 Waldkirch · Tel. 9879

Parkhotel Waldkirch
Hotel · Restaurant

Unser familiengeführtes Haus bietet Ihnen
in ruhiger Atmosphäre Erlesenes aus Küche
und Keller. Für Wochenend- und Langzeit-
urlauber bieten wir ein reichhaltiges Rahmen-
programm zu Sondertarifen.

Merklinstr. 20 · 79183 Waldkirch · Tel. 0 76 81/50 61 · Fax 0 76 81/2 43 58

1. Ein anderes Wort für Sonderpreis ist _____Sondertarif_____.

2. Café Birkle ist nicht nur ein Café, sondern auch eine _____Bäckerei_____
    und _Konditorei_____.

3. Am _____Dienstag_____ ist im Waldhaus Ruhetag.

4. Im Gasthaus „Hirschen" gibt's amerikanische _____Riesenpizzas_____.

5. Das Park-Café hat eine gute Auswahl an Desserts, Torten und
    _____Kuchen_____.

6. Der Eis Salon Toscani ist schon mehr als 30 _____Jahre_____ alt.

7. Das _____Parkhotel_____ Waldkirch ist in der Merklinstraße.

8. Armand Maier und sein _____Team_____ freuen sich auf den Besuch
    ihrer Gäste.

9. Im Waldhaus gibt es Räume für Tagungen und _____Familienfeiern_____.

10. Im Café Birkle gibt es jeden Sonntag und Feiertag ein _Frühstücksbuffet_.

7 *Unterschiede* (differences) *wo und wie Deutsche und Amerikaner essen.*
Schreib mindestens acht Sätze über diese Unterschiede!

Sentences will vary. _____

_____

_____

_____

_____

_____

_____

_____

_____

_____

_____

8 ***Was passt hier?*** **Die Antworten findest du in *Aktuelles* dieses Kapitels.**

__E__ 1. Gaststätte

__C__ 2. Konditorei

__I__ 3. Bedienungsgeld

__D__ 4. Imbiss

__L__ 5. Speisekarte

__A__ 6. Gartenlokal

__B__ 7. Frühstück

__J__ 8. Hamburger-Restaurant

__K__ 9. Rechnung

__F__ 10. Tafel

__H__ 11. Ratskeller

__G__ 12. Wasser

A. Dort sitzen die Gäste draußen.

B. Es gibt oft Brötchen zu essen.

C. Dort gibt es eine große Auswahl an Torten.

D. Da sitzt man nicht und das Essen ist billig.

E. Es ist für die meisten Deutschen das beliebteste Restaurant.

F. Da ist die Speisekarte vor dem Eingang.

G. Die Deutschen trinken das nicht während der Mahlzeit.

H. Es ist da meistens sehr teuer.

I. Die Rechnung enthält schon 10% bis 15%.

J. Es zeigt einen starken Einfluss aus Amerika.

K. Man bekommt sie nach dem Essen.

L. Darauf steht, was man in dem Restaurant essen kann.

KAPITEL 5

Lektion B

9 *Was liegt oder steht alles da? Schreib den Gegenstand (object) mit dem richtigen Artikel!*

1. die Schüssel

2. der Teller

3. die Tasse

4. die Untertasse

5. das Glas

6. die Serviette

7. das Messer

8. die Gabel

9. der Teelöffel

10. der Suppenlöffel

10 Was passt hier? Du findest die Antworten am Anfang dieser Lektion!

___H___ 1. Karla hat

___E___ 2. Frau Hauser hat

___K___ 3. Timo hat

___G___ 4. Kerzen stehen

___B___ 5. Herr Hauser kommt

___L___ 6. Timo bekommt

___A___ 7. Frau Hauser schneidet

___F___ 8. Timo macht

___D___ 9. Frau Hauser deckt

___C___ 10. Herr Hauser klingelt

___J___ 11. Timo hat sich

___I___ 12. Es gibt

A. ein paar Scheiben Brot

B. erst etwas später von seiner Arbeit

C. an der Tür

D. den Tisch

E. am Nachmittag beim Fleischer Wurst gekauft

F. das Geschenk auf

G. auf dem Tisch

H. Timo ein Geschenk mitgebracht

I. heute Kalte Platte

J. schon ein paar Monate auf das Abitur vorbereitet

K. seine Freundin eingeladen

L. von Karla eine CD

11 Ergänze die Sätze mit den richtigen Formen von *welcher* oder *dieser!*

1. _____Welchen_____ Film hast du gestern gesehen?

2. _____Dieses_____ Buch gefällt mir gar nicht.

3. Wie steht Robert _____dieser_____ Anzug?

4. Von _____welcher_____ Stadt sprichst du denn?

5. _____Diese_____ Jugendlichen machen tolle Musik.

6. Durch _____welche_____ Städte seid ihr gefahren?

7. Ich habe _____diese_____ Zeitschrift noch nicht gelesen.

8. _____Diese_____ Reise ist viel zu teuer.

9. _____Welche_____ Freundin bringst du denn zur Party mit?

10. Ich habe mit _____diesem_____ Kellner nichts zu tun.

12 Ergänze die folgenden Sätze mit den richtigen Endungen!

1. Du kennst ja jed_es_ Mädchen.

2. Ich kann dies_e_ Aufgaben wirklich nicht verstehen.

3. Welch_e_ Bluse passt dir?

4. Musst du denn jed_e_ CD hören?

5. Welch_er_ Rock gefällt dir am besten?

6. Dies_es_ Land haben sie noch nicht besucht.

7. Jed_es_ Haus sieht etwas anders aus.

8. Kannst du dies_em_ alten Mann nicht helfen?

9. Herr Schmidt hat für jed_en_ Schüler etwas mitgebracht.

10. Welch_e_ Bücher sollen wir nächsten Monat lesen?

13 Was gibt's in diesem Restaurant? Sieh dir die Speisekarte an und beantworte dann die Fragen!

—Speisekarte—

Vorspeisen
— . —

Kleiner Salatteller	€ 2,50
Gemüsesuppe	€ 2,00
Zwiebelsuppe	€ 2,10
Ochsenschwanzsuppe	€ 2,60

Hauptspeisen
— . —

Wiener Schnitzel mit Pommes frites	€ 9,50
Sauerbraten mit Rotkohl und Spätzle	€ 10,50
Schweinshaxe mit Sauerkraut und Salzkartoffeln	€ 11,00
Rehrücken mit Rotkohl und Knödeln	€ 12,50
Kalte Platte (mit Brot, Wurst und Käse)	€ 7,20

— . —

Beilagen
— . —

Brötchen oder Scheibe Brot	€ 0,50
Portion Butter	€ 0,40

— . —

Nachtisch
— . —

Apfelstreuselkuchen	€ 2,20
Schwarzwälder Kirschtorte	€ 2,60
Vanille- oder Erdbeereis	€ 1,90

— . —

Getränke

Cola	€ 1,80
Mineralwasser	€ 1,60
Apfelsaft	€ 1,70
Fanta	€ 1,90
Tasse Kaffee	€ 1,50
Kännchen Kaffee	€ 2,30

Diese Preise enthalten 15% Bedienung und 16% Mehrwertsteuer. Kreditkarten werden akzeptiert.

1. Wie viel kosten zwei Tassen Kaffee?

   Sie kosten € 3,00.

2. Wie viele verschiedene Suppen gibt es in diesem Restaurant?

   Es gibt drei Suppen.

3. Wie hoch ist die Mehrwertsteuer?

   Die Mehrwertsteuer ist 16%.

4. Was kann man für € 2,00 bekommen?

   Man kann eine Gemüsesuppe bekommen.

5. Welche Hauptspeise ist am preiswertesten und wie viel kostet sie?

   Die Kalte Platte. Sie kostet € 7,20.

6. Was ist teurer, das Wiener Schnitzel oder der Sauerbraten?

   Der Sauerbraten ist teurer.

7. Peter und Susanne haben zwei Getränke (Apfelsaft und Cola), zwei Vorspeisen (Salatteller und Gemüsesuppe), eine Hauptspeise (Rehrücken) und einen Nachtisch (Erdbeereis). Wie viel kostet alles zusammen mit Bedienung und Mehrwertsteuer?

   Es kostet € 22,40.

14 *Gasthöfe, Gaststuben und Gasthäuser?* **Die kleine Stadt Vogtsburg im Bundesland Baden-Württemberg hat viele Restaurants. Die Anzeigen sind nur eine kleine Auswahl von diesen Restaurants. Beantworte die Fragen in ganzen Sätzen!**

Die Vogtsburger Gastronomie lädt zum Essen, ...

POSTHOTEL-GASTHOF
Kreuz-Post

Familie Ernst Gehr

Kaiserstühler Gastronomietradition seit 1809

Ferienhotel mit familiärer Atmosphäre, Badische Küche, moderne Fremdenzimmer, Gartenrestaurant, Konferenzräume, Hausbar, zwei moderne Kegelbahnen

79235 **Vogtsburg-Burkheim**
Tel. (07662) 596 · Telefax (07662) 1298

Dienstag Ruhetag

HOTEL · RESTAURANT CAFÉ · WINZERSTUBE
zur Krone

Familie Höfflin

Seit über 200 Jahren ein Begriff für Kaiserstühler Gastlichkeit

Traditionsreiches Haus mit gemütlicher Atmosphäre; Freiterrasse; bekannt gute Küche, excellente Weine; Tagescafé mit eigener Konditorei; Komfortzimmer

79235 Vogtsburg-Achkarren · Tel. (07662) 742/6919

Mittwoch Ruhetag

Gasthaus zur Sonne

Familie Köpfer

Die aktuelle Adresse für rustikale Gemütlichkeit im zentralen Kaiserstuhl
Gästezimmer mit modernem Komfort

79235 **Vogtsburg-Schelingen**

Telefon (07662) 276

Dienstag Ruhetag

Hotel-Restaurant REBSTOCK

Jochen Koch

● Hotel mit 25 Betten ●
● Sonnenterrasse mit Blick zu den Weinbergen ●
● Badische Küche ● Montag Ruhetag ●
● Dienstag bis 17.00 Uhr geschlossen ●

79235 **Vogtsburg-Bickensohl**

Telefon (07662) 93 33 30

Gasthaus Rössle

Wandergaststätte
Ferienwohnung
Gartenterrasse

Besitzer
Armin Knöbel
Altvogtsburg 9 · 79235 Vogtsburg
Tel. (07662) 6602

Montag und Dienstag Ruhetag, Mittwoch bis Freitag ab 16.00 Uhr, am Samstag, Sonntag und an Feiertagen ganztägig geöffnet.

Weinstube Schloßbergblick

Inhaber Peter Withum

Kaiserstühler Gastlichkeit unter Deutschlands größten Götterbäumen!

Gepflegte Gastlichkeit · gutbürgerliche Küche bekannt für Wildspezialitäten gepflegte Achkarrer Weine · Gartenwirtschaft · Kegelbahn
Dienstag Ruhetag

79235 Vogtsburg-Achkarren · Am Bahnhof · Telefon 07662 / 1483

Gasthof – Pension – Weinstube
Krone

Bes. Familie Probst

Speiselokal mit regionalen Spezialitäten
Fremdenzimmer mit Dusche und WC
Gartenterrasse

79235 Vogtsburg-Burkheim · Telefon (07662) 211

Montag Ruhetag

Gasthaus – Pension
Jägerhof

Inhaberin Ute Schmidlin

Fremdenzimmer mit DU und WC · Durchgehend warme Küche
79235 **Vogtsburg-Oberrotweil** · Telefon (07662) 6360

Donnerstag Ruhetag

1. Wem gehört der Gasthof Krone?

   Er gehört der Familie Probst.

2. Wie viele Betten gibt es im Hotel Rebstock?

   Es gibt dort 25 Betten.

3. An welchem Tag ist das Gasthaus Jägerhof nicht geöffnet (open)?

   Es ist am Donnerstag nicht geöffnet.

4. Wofür (what for) ist die Weinstube Schloßbergblick bekannt?

   Sie ist bekannt für Wildspezialitäten.

5. Wie alt ist das Hotel zur Krone?

   Es ist über 200 Jahre alt.

6. Wie ist die Telefonnummer vom Gasthaus zur Sonne?

   Sie ist (07662) 276.

7. Um wie viel Uhr am Donnerstag kann man im Gasthaus Rössle Essen bekommen?

   Man kann ab (nach) 16.00 Uhr Essen bekommen.

8. Welches Restaurant hat eine Telefaxnummer?

   Der Posthotel-Gasthof Kreuz-Post hat eine Telefaxnummer.

15 Was fehlt? Ergänze die Sätze mit den Verben aus der Liste. Benutze die richtigen Verbformen, aber jedes Verb nur einmal!

bestellen wollen sehen haben bedanken essen fahren rufen
setzen bezahlen möchten schreiben werden schmecken bringen
warten

1. Britta, Hanne, Tanja und Rainer _____ sehen _____ sich oft in der Schule.

2. Heute _____ wollen _____ sich die vier Freunde treffen.

3. Rainer und Tanja _____ fahren _____ heute mit der Straßenbahn.

4. Hanne und Britta haben schon ein paar Minuten auf die anderen beiden
   _____ gewartet _____.

5. Alle _____ setzen _____ sich an einen Tisch in der Ecke der Pizzeria.

6. Das Restaurant _____ hat _____ eine gute Auswahl.

7. Tanja _____ möchte _____ nur einen Nachtisch essen.

8. Rainer _____ bestellt _____ dasselbe wie Tanja.

9. Britta _____ isst _____ lieber Broccoli mit Käse und trinkt auch eine
   Cola.

10. Bald _____ bringt _____ die Kellnerin die Getränke.

11. Während Hanne eine Karte _____ schreibt _____, _____ ruft _____
    Tanja ihre Eltern an.

12. Hannes Essen _____ schmecken _____ sehr gut.

13. Tanjas Eltern _____ werden _____ am Sonntag ihren 20. Hochzeitstag feiern.

14. Die vier Freunde _____ bezahlen _____ die Rechnung und
    _____ bedanken _____ sich bei der Kellnerin für alles.

16 *Welche Wörter fehlen hier?* **Die Anfangsbustaben von oben nach unten gelesen ergeben** *(reveal)* **ein bekanntes deutsches Essen.**

1. Die Kellnerin bringt Tanja, Hanne, Britta und Rainer gleich die _____Speisekarte_____ .

2. Bevor man mit dem Essen beginnt, sagen viele Deutsche „Guten _____Appetit_____!"

3. Stell die Tasse bitte auf eine _____Untertasse_____!

4. Anstatt der Marmelade isst Dieters Mutter lieber _____Erdnussbutter_____ .

5. Der _____Ratskeller_____ ist ein Restaurant im Rathaus.

6. In den meisten Hotels bekommen die Gäste zum Frühstück _____Brötchen_____, Butter, Marmelade und Kaffee.

7. Die _____Rechnung_____ enthält 10% bis 15% Bedienungsgeld.

8. Manche Restaurants zeigen einen starken Einfluss aus _____Amerika_____ .

9. In einer Konditorei ist die Auswahl an verschiedenen Kuchen und _____Torten_____ besonders groß.

10. Manchmal bekommt man ein gekochtes _____Ei_____ zum Frühstück.

11. Zum _____Nachtisch_____ essen wir gern Apfelkuchen.

17 *Welche Wörter passen?* **Du brauchst nicht alle Wörter.**

__I__ 1. Zucker	A. cucumber	
__K__ 2. Braten	B. soup	
__E__ 3. Knödel	C. vegetables	
__B__ 4. Suppe	D. trout	
__G__ 5. Erdnuss	E. dumplings	
__L__ 6. Schwein	F. cutlet	
__J__ 7. Kartoffeln	G. peanut	
__A__ 8. Gurke	H. dessert	
__F__ 9. Schnitzel	I. sugar	
__D__ 10. Forelle	J. potatoes	
	K. roast	
	L. pork	

18 Ergänze den Dialog!

Sample answers:

Kellner: Bitte schön?

Du: <u>Die Speisekarte, bitte.</u>

Kellner: Möchten Sie auch etwas trinken?

Du: <u>Ein Glas Apfelsaft, bitte.</u>

Kellner: Apfelsaft haben wir leider nicht. Darf es etwas anderes sein?

Du: <u>Bringen Sie mir dann eine Cola.</u>

Kellner: Hier ist die Speisekarte und Ihre Cola.

Du: <u>Was ist die Spezialität Ihres Restaurants?</u>

Kellner: Unsere Spezialität ist Wiener Schnitzel, Bratkartoffeln und Salat.

Du: <u>Haben Sie Sauerbraten?</u>

Kellner: Ja, Sauerbraten haben wir auch. Aber das dauert etwas länger.

Du: <u>Das macht nichts. Ich habe Zeit.</u>

Kellner: Na gut. Wenn Sie Zeit haben, dann geht das schon.

Du: <u>Wie lange wird es denn dauern?</u>

Kellner: Ungefähr 20 Minuten.

Du: <u>Das geht. Was für einen Nachtisch können Sie vorschlagen?</u>

Kellner: Unser Apfelkuchen schmeckt besonders gut.

Du: <u>Ich warte, bis ich gegessen habe.</u>

Kellner: Ja, nach dem Essen werden Sie schon wissen, ob Sie noch auf einen Nachtisch Appetit haben.

19 **Schreib einen ganzen Satz über jedes der folgenden Wörter! Auf Deutsch, bitte!**

Answers will vary.

1. die Unterhaltung

   _____

2. die Speisekarte

   _____

3. die Prüfung

   _____

4. die Rechnung

   _____

5. das Messer

   _____

6. der Kellner

   _____

7. das Getränk

   _____

8. die Spezialität

   _____

9. das Restaurant

   _____

10. das Obst

   _____

20 Kreuzworträtsel (*Tipp:* Ü = UE)

```
                    ¹M  E  T  Z  ²G  E  R
              ³G                  A
        ⁴S  T  E  H  T      ⁵F  A  H  R  E  N
              H              R      T
  ⁶G  A  B  E  L              U      E      ⁷G
        A     N     ⁸Z  W  E  I      N      ⁹E  I
        S           H              L      S
  ⁷S  T  ¹⁰V  A  T  E  ¹¹R          O      ¹²C  D
        H           A              K      H
  ¹³A  P  P  E  T  I  T     ¹⁴G      A      E
        U              ¹⁵S  T  E  L  L  E  N
        S     ¹⁶B      K     D          K
                 I      E     E
        ¹⁷K  U  E  H  L  S  C  H  R  A  N  K  ¹⁸K
                 T      L     K              A
  ¹⁹V  O  R  B  E  R  E  I  T  E  T          L
                 T      R                    T
                                             E
```

WAAGERECHT

1. In Süddeutschland sagen viele Leute ___ anstatt „Fleischer".

4. Auf einer Speisekarte ___, was man alles in einem Restaurant essen und trinken kann.

5. Dieter wird heute mit dem Bus zur Schule ___.

6. Die Deutschen halten die ___ in der linken Hand und das Messer in der rechten.

8. ___ Kerzen stehen auf dem Tisch.

9. Zum Frühstück gibt's oft ein gekochtes ___.

10. Timos ___ kommt heute etwas später nach Hause.

12. Timo hat von Karla eine ___ bekommen.

13. Guten ___!

15. Deutsche ___ kein Wasser auf den Tisch.

17. Die Marmelade ist im ___.

19. Timo hat sich schon seit ein paar Monaten auf das Abitur ___.

SENKRECHT

2. Im Sommer sitzen die Deutschen gern in einem ___.

3. Viele Deutsche ___ gern in ein Café.

5. Dieters Mutter ist schon ___ am Morgen zum Bäcker gegangen.

6. Ein anderer Name für Gaststätte ist ___.

7. Karla, Timos Freundin, hat ein ___ mitgebracht.

11. Man findet einen ___ in einem Rathaus.

14. Timos Mutter hat den Tisch ___.

16. Ein Imbiss ___ ein schnelles und preiswertes Essen.

18. Heute gibt es ___ Platte.

KAPITEL 6

Lektion A

1 *Wie heißt das Obst und Gemüse?* **Include the article for each noun as well as the plural form.**

1. der Pfirsich (Pfirsiche)
2. die Tomate (Tomaten)
3. die Pflaume (Pflaumen)
4. der Spargel (Spargel)
5. der Apfel (Äpfel)
6. die Kartoffel (Kartoffeln)

7. die Erdbeere (Erdbeeren)
8. die Birne (Birnen)
9. die Apfelsine (Apfelsinen)
10. die Kirsche (Kirschen)
11. die Bohne (Bohnen)
12. die Banane (Bananen)

2 *Was fehlt?* Ergänze die folgenden Sätze. Der Text ist über Michaela, vom Anfang dieser Lektion.

Sobald Michaela nach Hause kommt, _____ geht _____ sie auf ihr Zimmer.

Für ihre Hausaufgaben muss sie ein Kapitel im Geschichtsbuch

_____ lesen _____. Danach _____ schreibt _____ sie etwas für die

Deutschklasse. Englisch _____ ist _____ für Michaela etwas schwer.

Manchmal _____ übersetzt _____ sie ein paar Wörter mit einem Wörterbuch.

Michaelas Mutter _____ arbeitet _____ unten in der Küche. Etwas später

_____ ruft _____ sie Michaela. Sie soll runterkommen.

Michaelas Mutter hat heute besonders viel zu _____ tun _____. Deshalb

soll Michaela _____ einkaufen _____ gehen. Michaelas Mutter

_____ braucht _____ Obst und Gemüse. Brombeeren _____ schmecken _____ jetzt

besonders gut. Michaela muss noch im Schrank _____ nachsehen _____, ob sie

noch andere Sachen brauchen. Sie _____ haben _____ noch ein paar Pfund

Mehl. Michaelas Mutter wird für ihre Gäste eine Torte _____ backen _____.

Michaela soll nicht lange weg _____ bleiben _____, denn ihre Mutter muss sich

noch für den Besuch _____ vorbereiten _____.

3 Beantworte jede Frage mit „ja" oder „nein"! Answer each question by changing the italicized words to demonstrative pronouns.

Beispiel: Hast du *deinen Lehrer* gefragt?
                  Ja, den habe ich gefragt.
                  Nein, den habe ich nicht gefragt.

Sample answers:

1. Kaufst du *diesen tollen Mantel?*

   Nein, den kaufe ich nicht. _____

2. Kennst du *meine Schwester?*

   Ja, die kenne ich. _____

3. Wirst du *die vielen Fotos* mitbringen?

   Nein, die werde ich nicht mitbringen. _____

4. Hast du bei *seinem Onkel* gewohnt?

   Ja, bei dem habe ich gewohnt. _____

5. Hast du etwas von *deinen Großeltern* gehört?

   Nein, von denen habe ich nichts gehört. _____

6. Möchtest du *deine Freundin* nicht anrufen?

   Ja, die möchte ich anrufen. _____

4 Beantworte die Fragen!

Beispiele: Hast du deiner Freundin eine E-Mail geschrieben?
Nein, die habe ich angerufen.

Warum fragst du Rainer denn nicht.
Der weiß es bestimmt auch nicht.

Sample answers:

1. Hast du denn einen Computer gekauft?

   Nein, den brauche ich nicht.

2. Hast du nicht deine Cousine im Sommer besucht?

   Nein, die ist nicht zu Hause gewesen.

3. Warum hast du die Birnen nicht geholt?

   Die sind schon weg gewesen.

4. Soll ich eine Einkaufsliste schreiben?

   Ja, die brauche ich bestimmt.

5. Willst du Peter nicht zur Party mitbringen?

   Nein, den kenne ich doch gar nicht so gut.

6. Schreibst du einen Aufsatz für morgen?

   Den habe ich schon geschrieben.

7. Warum fährst du nicht mit deinem Rad zur Jugendherberge?

   Die ist viel zu weit entfernt.

8. Wie steht Anne dieses Kleid?

   Das steht ihr nicht schlecht.

5 *Keinen Einkauf.* **Viele Deutsche haben keine Zeit, einkaufen zu gehen.
Deshalb können sie ihre Lebensmittel auch anders einkaufen. Lies diese
Anzeige und beantworte dann die Fragen!**

Servicewüste Deutschland? NICHT BEI UNS...
Wir bieten Service!

Bei uns können Sie Ihre Lebensmittel schon von Zuhause bestellen. Rufen Sie an, oder senden Sie uns einen Brief oder ein Fax, und wir liefern Ihnen Ihre Bestellung noch vor Ankunft in Ihr Quartier.- Bis in den Kühlschrank und Sie haben nicht einen Cent dazubezahlt. Abrechnen können Sie in aller Ruhe am Tage nach Ihrer Ankunft im Geschäft oder mit Ihrem Vermieter.

Auch während Ihres Urlaubs sind wir immer für Sie da. Sieben Tage in der Woche. Haben Sie die ersten Urlaubsfotos? Kein Problem. Morgens gebracht - abends schon fertig. In allen Größen und Farben. Lottoschein nicht abgegeben? Auch kein Problem. Eine Lotto- u. Toto-Annahmestelle haben wir auch.

Nichts zu Essen und Trinken? Unsere leichteste Aufgabe. Unser Lieferservice ist 2 x täglich unterwegs. Morgens ab 11 Uhr, abends ab 17 Uhr. Natürlich kostenlos, mit Ausnahme von Getränkekisten, dafür berechnen wir einen Aufschlag von Euro 0,75. Kein Geld dabei? Bezahlen mit Geldkarte oder EC-Karte gehört bei uns dazu. Rufen Sie an - Fragen Sie nach uns.

Kaufhaus Südstrand
Sparmarkt Lars Schmidt
Osterstraße 3 · 25938 Wyk auf Föhr
Tel.: 0 46 81-58 01 21 · Fax 0 46 81-58 02 28
www.foehr-compact.de/spar/spsm/
e-mail:spar-foehr@t-online.de
PS.: Ferienwohnungen haben wir auch - direkt am Südstrand

1. Wie kann man Lebensmittel bestellen?

   Man kann sie von Zuhause bestellen. Man ruft an, sendet einen Brief oder ein Fax.

2. Kann man jeden Tag anrufen?

   Ja, man kann sieben Tage in der Woche anrufen.

3. Wie schnell kann man seine Fotos bekommen, wenn man sie am Morgen hinbringt?

   Man kann sie am Abend bekommen.

4. Wie oft bringt dieses Kaufhaus die Lebensmittel zum Haus?

   Es bringt sie zwei Mal am Tag.

5. Um welche Zeit bringt man sie?

   Man bringt sie ab 11 Uhr und ab 17 Uhr.

6. Muss man bar bezahlen?

   Nein, man kann mit Geldkarte oder EC-Karte (Kreditkarte) bezahlen.

7. Auf welcher deutschen Insel liegt der kleine Ort Wyk?

   Er liegt auf der Insel Föhr.

8. Was und wo bietet dieses Kaufhaus seinen Feriengästen etwas an?

   Es bietet Ferienwohnungen am Südstrand an.

6 *Geschäfte in Niebüll.* **In der kleinen norddeutschen Stadt Niebüll gibt es verschiedene Geschäfte, in denen die Besucher und Einwohner einkaufen können. Lies die Sätze und schreib dann die Buchstaben A–F, welches Geschäft man beschreibt.**

___D___ 1. Manche Touristen fotografieren so viel, dass sie ihre Fotos gleich in ein Fotoalbum stecken wollen.

___C___ 2. Man kann sie gut im Badezimmer benutzen.

___B___ 3. Frau Krügers Uhr ist kaputt. Deshalb geht sie dorthin und kauft eine neue.

___F___ 4. Eberts haben einen kleinen Sohn. Sie wollen ihm zum fünften Geburtstag ein Geschenk kaufen. Das finden sie in diesem Geschäft.

___C___ 5. Man kann sie da in Größen 36 bis 46 bekommen.

___B___ 6. Dort gibt es eine neue Kollektion.

___A___ 7. Man hat sie von € 19,- auf € 5,- reduziert.

___D___ 8. Dort kaufen Müllers drei für € 7,47.

___E___ 9. Herr Thiele möchte da eine Hose kaufen.

___F__ 10. Man findet das Geschäft am Rathausplatz.

7 *Stell dir vor, du arbeitest in einem Geschäft.* **Die Kunden fragen dich oft etwas. Kannst du ihnen helfen? Antworte mit ganzen Sätzen!**

Sample answers:

1. Haben Sie heute frisches Brot?

   Ja, wir bekommen jeden Morgen frisches Brot. _____

2. Wann bekommen Sie Erdbeeren?

   Die bekommen wir am Dienstag. _____

3. Wie viel kostet diese Wurst?

   Ein halbes Pfund kostet drei Euro. _____

4. Welche Preise sind heute besonders gut?

   Die Preise der Apfelsinen und Äpfel sind heute sehr gut. _____

5. Wo sind Ihre Einkaufswagen?

   Die stehen da drüben. _____

6. Um wie viel Uhr machen sie auf?

   Wir machen um neun Uhr auf. _____

8 *Wo Deutsche einkaufen.* **In dieser Lektion hast du darüber gelesen, wo die Deutschen einkaufen. Beantworte diese Fragen!**

1. Wann sind die meisten deutschen Geschäfte von Montag bis Freitag geöffnet?

   Sie sind von 8.00 oder 9.00 Uhr morgens bis 20.00 Uhr abends geöffnet.

2. Wie wissen die Leute, was für Sonderangebote es gibt?

   Die Sonderangebote stehen auf Schildern und Postern.

3. Wohin gehen viele Deutsche, wenn sie nicht im Supermarkt einkaufen?

   Sie gehen auf den Markt.

4. Wo gibt es meistens Lebensmittel in einem Kaufhaus?

   Es gibt sie im untersten Stockwerk.

5. Kann man in einer Drogerie Medikamente bekommen?

   Nein, man bekommt sie in einer Apotheke.

6. Was ist bei deutscher Kleidung und Schuhen nicht dasselbe wie in Amerika?

   Die Maßeinheiten sind nicht dieselben.

7. Wo kaufen Touristen oft Sachen auf ihrer Reise?

   Sie kaufen sie oft in Souvenirgeschäften.

8. Wann sind auf einem Markt die meisten Leute?

   Am Morgen sind dort die meisten Leute.

9. Wie wissen die Kunden, wie teuer alles auf dem Markt ist?

   Die Preise sind klar markiert.

10. Was kann man außer Obst und Gemüse noch auf einem Markt kaufen? Nenne, drei Sachen!

   Man kann Backwaren, Wurst und Käse auf einem Markt kaufen.

KAPITEL 6

Lektion B

9 *Können Sie mir helfen?* **Du arbeitest bei der Information in einem Kaufhaus und gibst den Kunden Auskunft.**

Sample answers:

1. Wo gibt es die neusten Videos?

   Die finden Sie in der Abteilung Musik und Video.

2. Ich kann nicht gut laufen. Haben Sie einen Fahrstuhl?

   Ja, sehen Sie dort rechts. Da ist er.

3. Meine kleine Tochter hat morgen Geburtstag. Wo kann man hier Geschenke kaufen?

   Für Ihre kleine Tochter finden Sie bestimmt etwas in der Spielwarenabteilung.

4. Wo ist die Lebensmittelabteilung?

   Im Erdgeschoss.

5. Ich habe gelesen, dass man den neusten Krimi „Abenteuer im Wilden Westen" in Ihrem Kaufhaus kaufen kann.

   Da haben Sie Recht. Den gibt's in der Bücherabteilung.

6. Mein Mann braucht einen Anzug. Wo kann man den kaufen?

   Im zweiten Stock.

7. Mein Sohn spielt Fußball in einer Jugendmannschaft. Er soll beim nächsten Spiel seinen eigenen Ball mitbringen. Kann man den hier bekommen?

   Ja, natürlich. In der Sportabteilung im vierten Stock gibt es eine gute Auswahl.

8. Was verkaufen sie im 3. Stock?

   Computer und Multimedia.

10 *Was fehlt?* **Ergänze die Sätze mit den Wötern von der Liste! Die Sätze beschreiben den Text „Im Lebensmittelgeschäft".**

1. Marco soll etwas _____Obst_____ kaufen.

2. Mit seinem _____Fahrrad_____ fährt er zum Kaufhaus.

3. Im _____Erdgeschoss_____ des Kaufhauses ist zu viel Betrieb.

4. Ein kleines _____Lebensmittelgeschäft_____ in der Nähe hat nicht so viele Kunden.

5. Dort fragt er eine Verkäuferin um _____Rat_____.

6. Das _____Sonderangebot_____ für Erdbeeren gibt es nur heute.

7. Die Verkäuferin wird die Erdbeeren an der _____Kasse_____ wiegen.

8. Marco schmecken süße _____Äpfel_____ nicht.

9. Marco weiß nicht, welche Äpfel seinem _____Vater_____ schmecken.

10. Marcos Mutter ist mit einem _____Zug_____ nach Norddeutschland gereist.

11. Ihre _____Schwester_____ ist krank.

12. Marcos _____Großmutter_____ kommt vielleicht rüber und wird ab und zu Essen zubereiten.

13. Marco isst Erdbeeren mit _____Schlagsahne_____ sehr gern.

14. Die _____Verkäuferin_____ wünscht, dass es Marcos Tante bald wieder besser geht.

11 **Was? Wer? Wen? Wem? Wessen?**

1. ___Wen_____ hast du in der Stadt gesehen? Die Katrin.

2. ___Wessen_____ Schwester hast du geschrieben?

3. ___Wer_____ ist alles bei der Party gewesen?

4. ___Was_____ habt ihr dort gemacht?

5. ___Wem_____ wolltest du bei der Arbeit helfen?

6. ___Wer_____ hat diesen Kuchen gebacken?

7. ___Wen_____ hat Dieter am Sonntag besucht?

8. <u>Wessen</u>   Eltern sind in den Schwarzwald gefahren?

9. <u>Wem</u>   hat er die Schule gezeigt?

10. <u>Wessen</u>   Bücher sind das hier?

12 Was Frau Weigand gemacht hat. Frau Weigand erzählt ihren Gästen, was sie alles gemacht hat, bevor sie angekommen sind. Schreib alle Sätze im Perfekt (present perfect).

Beispiel: Am Wochenende bereite ich mich auf eueren Besuch vor.
Am Wochenende habe ich mich auf eueren Besuch vorbereitet.

1. Ich schreibe eine Einkaufsliste.

   <u>Ich habe eine Einkaufsliste geschrieben.</u>

2. Ich fahre zum Supermarkt.

   <u>Ich bin zum Supermarkt gefahren.</u>

3. Ich nehme meine Einkaufstasche mit.

   <u>Ich habe meine Einkaufstasche mitgenommen.</u>

4. Die Sonderangebote stehen gleich am Eingang.

   <u>Die Sonderangebote haben gleich am Eingang gestanden.</u>

5. Im Geschäft gehe ich von einer Reihe zur anderen.

   <u>Im Geschäft bin ich von einer Reihe zur anderen gegangen.</u>

6. An einer Theke kaufe ich Wurst und Käse.

   <u>An einer Theke habe ich Wurst und Käse gekauft.</u>

7. Ich wiege das Obst und Gemüse auf einer Waage.

   <u>Ich habe das Obst und Gemüse auf einer Waage gewogen.</u>

8. Eine Angestellte hilft mir bei der Auswahl der Bananen.

   <u>Eine Angestellte hat mir bei der Auswahl der Bananen geholfen.</u>

9. Für alle Lebensmittel bezahle ich mit meiner Kreditkarte.

   <u>Für alle Lebensmittel habe ich mit meiner Kreditkarte bezahlt.</u>

10. Ich rolle alles direkt zum Auto.

    <u>Ich habe alles direkt zum Auto gerollt.</u>

11. Zu Hause mache ich den Briefkasten auf.

    <u>Zu Hause habe ich den Briefkasten aufgemacht.</u>

12. Dann warte ich auf eueren Besuch.

    <u>Dann habe ich auf eueren Besuch gewartet.</u>

13

Wie viel kostet das alles? Stell dir vor, dass du für deine Familie einkaufen gehen musst. Du schreibst alles auf, was du kaufen willst. Am Ende rechnest du aus (*ausrechnen* to figure out), wie viel alles gekostet hat.

Einkaufsliste

4 Pfund Äpfel (€ -,90 das Pfund)	€ 3,60
1/2 Pfund Kaffee (€ 9,50 das Pfund)	4,75
2 1/2 Liter Milch (€ -,80 der Liter)	2,00
1/4 Pfund Wurst (€ 6,20 das Pfund)	1,55
6 Bananen (€ -,45 das Stück)	2,70
10 Pfund Kartoffeln (€ -,40 das Pfund)	4,00
1/2 Pfund Käse (€ 7,60 das Pfund)	3,80
4 Brötchen (€ -,20 das Stück)	0,80

Alles zusammen kostet   € 23,20

14 *Mit einem Verkäufer oder einer Verkäuferin. Du unterhältst dich mit Verkäufern in einem Geschäft in deiner Gegend. Ergänze die beiden Dialoge!*

Sample answers:

Du: <u>Ich möchte ein paar Apfelsinen.</u>

Verkäufer: Die haben wir leider nicht mehr.

Du: <u>Wann bekommen Sie die Apfelsinen wieder?</u>

Verkäufer: Am Mittwoch.

Du: <u>Haben Sie Äpfel?</u>

Verkäufer: Ja, da haben wir eine große Auswahl.

Du: <u>Sind die frisch?</u>

Verkäufer: Ja, sie sind ganz frisch vom Markt gekommen.

Du: <u>Geben Sie mir ein Pfund Käse.</u>

Verkäufer: Soll ich den Käse schneiden?

Du: <u>Ja, bitte.</u>

***

Verkäuferin: Ich habe dich schon lange nicht gesehen.

Du: <u>Wir sind einen Monat in Süddeutschland gewesen.</u>

Verkäuferin: Was habt ihr da gemacht?

Du: <u>Wir sind viel gewandert.</u>

Verkäuferin: Seid ihr in den Bergen gewandert?

Du: <u>Ja, wir sind viel in den Bergen gewandert.</u>

Verkäuferin: Wie ist das Wetter gewesen?

Du: <u>Sehr schön. Es ist sehr warm gewesen.</u>

Verkäuferin: Werdet ihr nächstes Jahr wieder nach Süddeutschland fahren?

Du: <u>Das wissen wir noch nicht.</u>

Verkäuferin: Wir werden vielleicht im Winter Ski laufen.

Du: <u>Das wird bestimmt Spaß machen.</u>

15 Was passt hier? Wähle die Antworten aus der Liste!

schneiden	schreiben	rollen	erwarten	lesen
nehmen	legen	drucken	wiegen	sein

Sample answers:

1. eine Einkaufsliste auf ein Stück Papier_____ schreiben _____

2. am Sonntag Besuch _____ erwarten _____

3. den Einkaufswagen zum Auto _____ rollen _____

4. die Lebensmittel auf die Theke an der Kasse _____ legen _____

5. ein paar Tomaten auf einer Waage _____ wiegen _____

6. die Preise auf ein Etikett _____ drucken _____

7. mit der Einkaufsliste fertig _____ sein _____

8. die Wurst mit einem Messer in Scheiben _____ schneiden _____

9. am Eingang einen Einkaufswagen _____ nehmen _____

10. vor dem Geschäft die Sonderangebote auf einer Tafel_____ lesen _____

16 *Schreib einen Dialog!* **Die folgende Information kann dir dabei helfen.**

You have received some money from your parents. You ask your friend to go shopping with you to help you decide what to buy. Since you are planning to go on a trip with some of your friends, your friend suggests that you buy a bicycle. You feel, however, that you don't have enough money to buy one. She or he tells you that the department store sells bicycles at reasonable prices.

Both of you go to this store and ask the salesperson about the price of bicycles. She tells you that they cost € 180 and up. You ask to see the selection. You don't like the least expensive one. Your friend notices one that she or he feels you might like. You ask the salesperson for the price. She tells you that this particular bicycle costs € 260. You decide to buy it.

<u>Sentences will vary.</u>

_____

_____

_____

_____

_____

_____

_____

_____

_____

_____

_____

_____

_____

_____

_____

17 Kreuzworträtsel (*Tipp:* Ä = AE; Ö = OE; Ü = UE)

	1 R			2 G	

Across/Down filled letters:

- 3 WIEGT
- 4 BEDIENT
- 6 UEBERSETZT
- 7 AUF
- 9 GEFAHREN
- 11 NAEHE
- 12 NIMMT
- 13 KLEBT
- 18 ZUR
- 19 R
- 20 SUESS
- 21 LIEST
- 23 MALT
- 24 SCHREIBT

Vertical words include: WOCHEN, EGAL, ALLEN, GROESSER, BROECKCHEN, FINDET, NDET, HEUTE, BEGTGT, KUCH, BEUCH, AUCH, MIT, ROLLT, MALT

WAAGERECHT

3. Die Verkäuferin ___ die Erdbeeren an der Kasse.

4. Die Verkäuferin ___ Marco an der Kasse.

7. Marco fährt ___ seinem Fahrrad zum Kaufhaus.

9. Marcos Mutter ist mit dem Zug nach Bremen ___.

11. Marcos Großmutter wohnt ganz in der ___.

12. Frau Weigand ___ ihre Einkaufstasche mit.

13. Frau Weigand ___ die Etiketten auf die Packungen.

18. Frau Weigand geht ___ Kasse.

20. Die Äpfel sind nicht sauer; sie sind ___.

21. Am Eingang des Supermarkts ___ Frau Weigand die Sonderangebote.

23. Die meisten Deutschen gehen ein paar ___ die Woche einkaufen.

24. Michaelas Mutter ___ alles auf eine Einkaufsliste.

SENKRECHT

1. Die Waren stehen auf den ___.

2. Deutsche Geschäfte sind nicht so lange ___ wie amerikanische.

3. Markttag ist ein- oder zweimal die ___.

4. Michaelas Mutter wird für ihre Gäste eine Torte ___.

5. In einer ___ kann man Toilettenartikel kaufen.

6. Mit einem Wörterbuch ___ Michaela ein paar Vokabeln.

8. Lebensmittel ___ man in vielen deutschen Kaufhäusern im untersten Stockwerk.

10. ___ gibt es ein Sonderangebot.

14. Frau Weigand ___ alle Lebensmittel auf den Ladentisch.

15. Frau Weigand ___ mit einer Kreditkarte.

16. Frau Weigands Bruder und seine Frau kommen aus Deutschland zu ___.

17. Michaelas Mutter arbeitet in der ___.

19. Frau Weigand ___ ihre Lebensmittel im Einkaufswagen zum Auto.

22. Die Erdbeeren sehen ganz frisch ___.

23. Die meisten Leute bringen ihre Einkaufstaschen auf den Markt ___.

KAPITEL 7

Lektion A

1 *Dein Hobby oder Interesse.* **Schreib mindestens zehn Sätze über dein Hobby oder wofür du dich interessierst! In deiner Beschreibung solltest du folgende Fragen beantworten: Was ist dein Hobby/Interesse? Wie oft und wann machst du das? Machst du das allein oder machen andere mit? Schreib so viel und sei so kreativ wie möglich!**

Sentences will vary.

_____

_____

_____

_____

_____

_____

_____

_____

_____

_____

_____

_____

_____

_____

_____

_____

_____

_____

_____

Name _____ Datum _____

2 Was passt?

F 1. Sandra hat für Fotografieren
H 2. Ihre Kamera ist mit
L 3. Die schönsten Fotos macht sie
A 4. Der Besitzer des Fotogeschäfts gibt ihr
K 5. Sandra hat die letzten Fotos
E 6. Sie schießt drinnen
C 7. Sandra hat das Blitzgerät
G 8. Im Internet gibt es
I 9. Der Besitzer findet
B 10. Am Zeitungsstand kann Sandra
J 11. Sandra bedankt sich
D 12. Sie wird mit ihren Eltern

A. oft Tipps
B. die Zeitschrift kaufen
C. noch nicht ausprobiert
D. beim Fotografieren experimentieren
E. ohne ein Blitzgerät
F. ein gutes Auge
G. eine Chat-Gruppe
H. allem Drum und Dran
I. eine Fotozeitschrift sehr interessant
J. für seinen Tipp
K. ohne Teleobjektiv gemacht
L. im Freien

3 Ergänze die folgenden Sätze!

1. Während (die Tage / kühl) _____ der kühlen Tage _____ fahren wir nicht an den See.

2. Ich möchte (das Mädchen / klein) _____ das kleine Mädchen _____ einladen.

3. Sie fahren durch (diese Stadt / alt) _____ diese alte Stadt _____.

4. Mit (welche Freundin / neu) _____ welcher neuen Freundin _____ geht er denn ins Kino?

5. Hast du (die Zeitungen / deutsch) _____ die deutschen Zeitungen _____ gelesen?

6. Haben die Großeltern (dieses Paket / groß) _____ dieses große Paket _____ mitgebracht?

7. Trotz (das Wetter / schlecht) _____ des schlechten Wetters _____ machen wir eine Reise.

8. Die Kunden kommen aus (dieses Geschäft / schick)
   _____ diesem schicken Geschäft _____ .

9. Ich kaufe ihm (dieses Geschenk / schön)
   _____ dieses schöne Geschenk _____ .

10. Wir können (die Hemden / weiß) _____ die weißen Hemden _____
    einfach nicht finden.

11. (Welches Museum / alt) _____ Welches alte Museum _____ habt ihr
    besucht?

12. Haben Sie von (der Rockstar / bekannt), _____ dem bekannten Rockstar _____
    gehört?

4 Setze die richtigen Endungen ein!

1. Die rot _e_____ Bluse gefällt mir sehr.

2. Hast du dieses toll_e_____ Fahrrad schon lange?

3. Wann sollen wir zu der neu_en_____ Disko gehen?

4. Wegen des gut_en_____ Sonderangebots kaufen wir den Computer.

5. Die frisch_en_____ Erdbeeren schmecken sehr gut.

6. Ich möchte das halb_e_____ Brot.

7. Mit welchem amerikanisch_en_____ Touristen sprichst du denn?

8. Kannst du den schwer_en_____ Koffer tragen?

9. Hast du die lang_e_____ Einkaufsliste gelesen?

10. Seit der letzt_en_____ Woche arbeitet sie viel mehr.

11. Hat Dieter seinem Freund dieses schön_e_____ Geschenk gekauft?

12. Ohne das deutsch_e_____ Mädchen kommt Willi nicht zur Party.

13. Ich werde bei dem alt_en_____ Kino auf dich warten.

14. Hat Ulrike diese teur_e_____ Gitarre gekauft?

15. Das frisch_e_____ Obst schmeckt gut.

5 *Beschreib, was sechs deiner Schulfreunde heute anhaben!* **Deine Schulfreunde haben diese Kleidungsstücke schon ein anderes Mal angehabt. Gebrauche in jedem Satz ein anderes Adjektiv!**

Beispiel: Susanne hat das rote Kleid an.

1. <u>Answers will vary.</u> _____

2. _____

3. _____

4. _____

5. _____

6. _____

6 *Das Rockmobil.* **In diesem Kapitel hast du über das Rockmobil gelesen. Beantworte die folgenden Fragen über den Text!**

1. Was können die Jugendlichen machen, wenn das Rockmusik durch ihre Gegend kommt?

   <u>Sie können alle Instrumente einer Rockband ausprobieren.</u>

2. Wann und wohin kommt das Rockmobil?

   <u>Es kommt am Mittwoch Nachmittag zum Rathaus.</u>

3. Wer ist Hans-Dieter Klug?

   <u>Er ist der Leiter des Rockmobilteams.</u>

4. Was müssen die Mädchen zuerst und oft machen, um besser zu spielen?

   <u>Sie müssen üben.</u>

5. Ist die Atmosphäre zwischen dem Leiter und seinen Schülern intensiv?

   <u>Nein, sie ist locker.</u>

6. Was für ein Musikinstrument spielt Phillip?

   <u>Er spielt Schlagzeug.</u>

7. Warum können andere Jugendliche Phillip beim Üben nicht hören?

   Er sitzt in einer schalldichten Kabine.

8. Wie lange spielen alle?

   Sie spielen eine Stunde.

9. Bis wann wollen sie gut spielen?

   Sie wollen bis zum Schulfest gut spielen.

7 *Eva als Model.* Lies den folgenden Artikel über Eva! Du wirst nicht jedes Wort verstehen. Trotzdem wirst du das meiste des Texts verstehen. Nachdem du alles gelesen hast, beantworte die Fragen!

Eva (15) geht noch zur Schule. Zum Modeln kam sie durch ihren älteren Bruder. Er ist Fotograf. Für ihn stand sie schon als kleines Kind vor der Kamera. Vor einem Jahr rief sie bei einer Fotoagentur an. Ein Freund ihrer Eltern, Modedesigner, hatte ihr die Agentur vorgeschlagen. „Wie groß muss man sein, um zu modeln?", wollte sie damals wissen. „Mindestens 1,72 m", sagte man ihr am Telefon. Heute ist Eva 1,76 m groß und schon als Model auf einer Modenschau in London gewesen. Die Arbeit im Ausland ist für sie etwas Besonderes. Sie will natürlich sicher sein, dass sie keine großen Probleme mit der Schule hat. Deshalb gibt ihr die Agentur meistens nur Termine in Deutschland.

Eva weiß schon heute, dass dieser Job kein Beruf für sie in der Zukunft sein wird. Man sagt, dass die meisten Leute mit Ende 20 nicht mehr weiter machen. Eva will im nächsten Semester mit der Uni anfangen. Sie will Englisch in Düsseldorf studieren. Vielleicht macht sie doch später etwas Kreatives in der Modebranche. „Als Model ist man nur ein Objekt. Man kann keine eigenen Ideen mitbringen, denn andere machen deine Entscheidungen." Deshalb will sie als Model nur weiter arbeiten, wenn sie eine wirklich große Chance bekommt. „Aber das passiert nur selten. Nicht viele schaffen es und werden so bekannt wie Claudia Schiffer."

1. Wer hat Eva vorgeschlagen, dass sie Model werden soll?

   Ihr Bruder hat es ihr vorgeschlagen.

2. Wie ist sie zu einer Agentur gekommen?

   Ein Freund ihrer Eltern hat ihr eine Agentur vorgeschlagen.

3. Hat Eva nur in Deutschland gemodelt?

   Nein, sie hat auch in England gemodelt.

4. Wie ist Eva sicher, dass sie keine Schulprobleme hat?

   Die Agentur gibt ihr die meisten Termine in Deutschland.

5. Wird Eva im späteren Leben als Model weiter machen?

   Nein, das wird kein Beruf für sie sein.

6. Was will Eva auf der Universität studieren?

   Sie will Englisch studieren.

7. Kann man beim Modeln selbst kreativ sein. Was meint Eva?

   Sie meint, dass man beim Modeln nur ein Objekt ist.

8. Wann wird Eva vielleicht als Model weiter arbeiten?

   Sie wird vielleicht weiter arbeiten, wenn sie eine wirklich große Chance

   bekommt.

KAPITEL 7

Lektion B

8 *Schreib Sätze!* **Bilde Sätze mit den Wörtern aus der Liste! Benutze jedes Wort nur einmal!**

Kompass   Bach   Seil   Picknick   Karte   Weg   Lebensmittel   Feuer

1. <u>Sentences will vary.</u> _____

2. _____

3. _____

4. _____

5. _____

6. _____

7. _____

8. _____

9 **Welches Wort fehlt? Ergänze die folgenden Sätze mit sinnvollen Wörtern aus der Liste!**

Möglichkeiten   Gegend   Leiter   Kompass   Kondition

Baum   Bach   Ausflug

Lieder   Ausrüstung   Wetter   Angst

1. In der Eifel gibt es viele _____Möglichkeiten_____ für Naturfreunde.

2. Junge Leute kommen gern in diese _____Gegend_____, denn sie ist besonders für Survivaltraining günstig.

3. Sie haben ihre _____Ausrüstung_____ Ausrüstung mitgebracht.

4. Holger ist der _____Leiter_____ dieser Gruppe.

5. Er zeigt den Jugendlichen, wie sie mit dem _____Kompass_____ umgehen können.

6. Patrick hat ihn schon einmal auf einem anderen _____Ausflug_____ benutzt.

7. Ein paar Jugendliche klettern auf einen _____Baum_____.

8. Andere hangeln sich über einen _____Bach_____.

9. Helmut sagt Annette, sie soll keine _____Angst_____ haben.

10. Alle Jugendlichen werden es bestimmt schaffen, denn sie sind in guter _____Kondition_____.

11. Manchmal ist das _____Wetter_____ nicht so schön; es regnet ab und zu.

12. Am Abend singen sie alle _____Lieder_____.

10 *Was passt hier?* In Gerolstein, ein kleiner Ort in der Eifel, und in der Gegend ist besonders im Frühling bis Herbst immer viel los. Sieh dir die verschiedenen Veranstaltungen *(events)* an und bestimme *(determine)*, von welcher Vernstaltung man spricht! Manche Veranstaltungen beschreibt man mehr als einmal.

03.05. bis 31.10. wo: Veranstalter:	**Führung im Naturkundemuseum** Gerolstein Naturkundemuseum TW Gerolsteiner Land jeweils freitags um 10 Uhr; der Eintrittspreis für das Museum beinhaltet die Führung
07.05. bis 31.10. wo: Veranstalter:	**Geo-Exkursion 380 Millionen Jahre Erdgeschichte sehen und erleben** Gerolstein, Tourist-Information TW Gerolsteiner Land jeweils am 1. und 3. Dienstag im Monat; Teilnahme kostenlos. Dauer ca. 3,5 Stunden
09.05. bis 31.10. wo: Veranstalter:	**Historischer Stadtspaziergang** Gerolstein, Tourist-Information TW Gerolsteiner Land jeden Donnerstag um 14.30 Uhr ab TI Quellpavillon Gerolstein; Teilnahme kostenlos
12.07. und 19.07. wo: Veranstalter:	**Tiere auf dem Bauernhof** Gerolstein Bahnhof 14 Uhr Kinderprogramm der TW Gerolsteiner Land — gemeinsame Zugfahrt nach Densborn mit Besichtigung eines einmaligen Bauernhofes — Dauer ca. 4 Stunden, Kosten 12,50 /Kind für Bahnfahrt und Betreuung; Anmeldung Tourist-Information Gerolsteiner Land; Tel. 06591/13180
21.07. und 28.07. wo: Veranstalter:	**Halbtagswanderung** Gerolstein Brunnenplatz Eifelverein Wanderung um Salm, PKW Abfahrt zu den Fischteichen Zobel in Salm, gegen 16 Uhr Einkehr in der Fischerhütte Zobel; Anmeldung erforderlich; Tel. 06594/1379 bis Freitag, 19. Juli

26.07. bis 28.07.	**Sportfest**
wo:	Sportplatz im Stadtteil Roth
Veranstalter:	Sportverein Roth - Kalenborn e.V.
	Fuflballspiele von Jugend- Senioren- Betriebs- und
	Altherrenmannschaften der Region rund um Gerolstein

   C   F   1. Führung im Naturkundemuseum

   E   2. Geo-Exkursion

   B   3. Historischer Stadtspaziergang

   D   G   4. Tiere auf dem Bauernhof

   A   I   5. Halbtagswanderung

   H   J   6. Sportfest

A. Man trifft sich direkt am Brunnenplatz.

B. Da lernt man etwas über die Geschichte dieser Gegend.

C. Man geht dahin, wenn man etwas über die Natur lernen will.

D. Die Besucher fahren mit einem Zug dahin.

E. Dorthin kommen die Leute zwei Dienstage im Monat.

F. Wer die Natur gern hat, geht dort am Freitagmorgen dahin.

G. Der Ausflug dorthin dauert ungefähr vier Stunden.

H. Jung und Alt machen bei den Fußballspielen mit.

I. Die Besucher wandern gern in der Salmer Gegend.

J. Für diese Veranstaltungen treffen sich die Leute im Stadtteil Roth.

11 *Bilde neue Sätze!* **Du kannst noch andere Wörter hinzufügen** *(add)*.

Beispiel: er / wohnen / bekannt / die
Er wohnt bei der Bekannten.

Sample answers:

1. kennen / du / sportlich / der

   Kennst du den Sportlichen?

2. wie / heißen / klein / die

   Wie heißt die Kleine?

3. was / machen / fremd / der / hier

   Was macht der Fremde hier?

4. Karin / sprechen/ gern / mit / deutsch / die

   Karin spricht gern mit der Deutschen.

5. Heiko / sitzen / manchmal / neben / neu / der

   Heiko sitzt manchmal neben der Neuen.

6. wie lange / wohnen / jung / der / in dieser Gegend

   Wie lange wohnt der Junge in dieser Gegend?

7. warum / wissen / klug / die / immer alles

   Warum weiß die Kluge immer alles.

8. Anne / sitzen / gern / neben / nett / der

   Anne sitzt gern neben der Netten.

12 **Was haben sie gemacht?** Ergänze die Sätze mit den richtigen Verbformen auf der Liste. Schreib alle Verben im Perfekt (present perfect)!

trainieren	verlieren	stehen	anhaben	brauchen		fahren
paddeln	tragen	geben		sein	sprechen	aussteigen

1. Die drei Mädchen _____sind_____ nach Hohenlimburg _____gefahren_____.

2. Heike, Katja und Susanne _____sind_____ schon lange erfahrene Kanuten _____gewesen_____.

3. Sie _____haben_____ ihre Boote zum Fluss _____getragen_____.

4. Der Trainer _____hat_____ ihnen noch vor dem Wettkampf Anweisungen _____gegeben_____.

5. Alle Mädchen _____haben_____ Schwimmwesten _____angehabt_____.

6. Sie _____haben_____ beim Kanufahren viel Kraft _____gebraucht_____.

7. Jede Teilmehmerin _____hat_____ ihr Kajak durch die Tore _____gepaddelt_____.

8. Ein paar Leute _____haben_____ am Ufer _____gestanden_____.

9. Manche Teilnehmerinnen _____haben_____ Punkte _____verloren_____, weil sie Tore berührt haben.

10. Die Jugendlichen _____sind_____ am Ende der Strecke aus ihren Kajaks _____ausgestiegen_____.

11. Viele Teilnehmer _____haben_____ ein paar Mal die Woche _____trainiert_____.

12. Die drei Mädchen _____haben_____ im Bus über viele Sachen _____gesprochen_____.

13 *Kanufahren auf der Eder.* **Die Eder ist ein sehr sauberer Fluss im Bundesland Hessen. Deshalb ist er bei Kanufahrern sehr beliebt. Sieh dir die verschiedenen Angebote an und beantworte dann die Fragen!**

KANU URLAUB

Angebot Eder Nr. VE 10
Verleih mit Bootstransport pro Person
1er Kajak € 20,– / 2er Kajak € 18,– / 2er Canadier € 18,–
3er Canadier € 14,– / 4er Canadier € 13,–

Angebot Eder geführt Nr. GE 11
Geführte Kanutour mit Begleitung.
Bootstransport pro Person
1er Kajak € 23,– / 2er Kajak € 20,– / 2er Canadier € 16,–
3er Canadier € 18,– / 4er Canadier € 16,–

Die Boote sind für erwachsene Personen ausgelegt, Kinder passen entsprechend der Sitzplätze mehr in ein Boot, dann Abrechnung pro Sitzplatz. Bis 10 Jahre 2 Kinder ein Sitzplatz, danach entsprechend. Bitte geben Sie uns das Gewicht und die Größe Ihrer Kinder an für die passende Schwimmwestengröße. Nicht passende Schwimmwesten sind sehr gefährlich. Alle Mitfahrer sitzen in einer Richtung. Die Boote sind sehr sicher. Sie sind speziell für den Verleih ausgesucht.
Personenrücktransport zum Ausgangsort der Tagestour € 4,–

Waterline Balu

Camping–Kanu–Wochenende auf der Eder Nr. EC 02
Leistungen: 2 Tage Wasserwandern auf der Eder. Übernachtung auf einem Zeltplatz – Übernachtungsplatz. Boote, wasserdichte Säcke / Tonnen. Bootstransfer, Einweisung, Campingplatzgebühren und Fahrrücktransport sind im Preis enthalten.
Preis pro Person € 40,–

Wir bringen Sie auf den Fluss. 2 Tage Kanutour auf der Eder Nr. E H 02
Kanuleistungen wie vorheriges Angebot: 1 Tag bis Fritzlar. Übernachtung und Frühstück im 3-Sterne-Hotel. Sonntag Fahrt bis Altenbrunslar.

Gruppenangebot ab 8 Personen im DZ	€ 85,–
EZ-Zuschlag	€ 13,–
3-Gänge-Menü auf Wunsch	€ 14,–
Einzelreisende im DZ	€ 100,–

1. Was müssen die Eltern sagen, wenn sie für ihre Kinder Schwimmwesten brauchen?

   Sie müssen das Gewicht und die Größe sagen.

2. Wie viel kostet es pro Person, zwei Tage auf der Eder zu fahren und auf einem Campingplatz zu übernachten?

   Es kostet € 40,- pro Person.

3. Wie kommen die Leute zum Start wieder zurück?

   Man fährt sie für € 4,00 zurück.

4. Welches Kajak ist pro Person teurer im Angebot Eder Nr. VE 10, ein 2er oder ein 3er Canadier?

   Ein 2er Canadier ist teurer.

5. Was für ein Essen bekommt man im 3-Sterne-Hotel?

   Man bietet ein Frühstück an.

6. Wann in der Woche kann man den Ausflug auf der Eder Nr. EC 02 machen?

   Man kann ihn am Wochenende machen.

14 *Was ist in Bad Tölz los?* **In dieser kleinen süddeutschen Stadt gibt's viel zu tun. Sieh dir die Anzeigen an und such dir die richtigen Antworten aus!**

Tennis
Städt. Tennisanlagen am Isarstausee, Königsdorfer Straße , Tel. 44 53 und Tennisclub „Rot-Weiß" e. V., Allgaustr., Tel. 4 16 26

Tanzen
Tanzsportclub Schwarz-Gold e. V. Tel. 0 80 42/85 84
Tanzveranstaltungen:
s. Auszug aus dem Veranstaltungskalender, Kurjournal

Wandern
Der Isarwinkel ist ein Wanderparadies. Zu den 130 km markierten Wanderwegen rund um Bad Tölz kommen weitere Hunderte von Kilometern im Tölzer Land.
Geführte Wanderungen: Städt. Kurverwaltung

Fahrrad - Verleih
Bahnhof Bad Tölz, Tel. 44 04,
Fa. Papperger, Salzstr. 9, Tel. 21 05
Sport Mayr, Ludwigstr. 4, Tel. 7 03 07
Städt. Kurverwaltung, Ludwigstr. 11, Tel. 7 00 71

Reiten
Gut Schlickenried, Dietramszell, Tel. 0 80 27/ 14 62

Kino
Capitol-Filmtheater, Amortplatz 1, Tel. 96 58

Billard
Billardclub Bad Tölz
Alte Mädchenschule, Schulgasse 3, Tel. 64 62

Schach
Gartenschach im Franziskanergarten, Max-Höfler-Platz und am Haus des Gastes, Ludwigstr. 18

Gymnastik
Allgemein: Turnverein 1866, Jahnstraße 3, Tel. 7 01 28.
Volkshochschule, Tölzer Gesundheitspark
Wassergymnastik: Städt. Hallenbad, Bockschützstraße,
Tel. 91 69

Golf
9-Loch-Golfplatz mit Putting-Green und Driving Range am Buchberg,
Auskunft: Sekretariat am Strasserhof, Tel. 99 94
od. Pauschalangebote der Städt. Kurverwaltung
Tel. 7 00 71

H	1. Schach spielt man	A. das auf den 130-Kilometern gut markierter Wege tun
I	2. Wenn man Golf spielen will, dann	B. man es am Bahnhof in Bad Tölz
C	3. Viele Leute spielen Billard	C. in der Schulgasse
J	4. Tanzen kann man	D. zum Turnverein gehen
A	5. Wer gern wandert, kann	E. man das Gut Schlickenried anrufen
E	6. Zum Reiten muss	F. es im Capitol-Filmtheater
D	7. Wer Lust hat, Gymnastik zu treiben, sollte	G. am Isarstausee
B	8. Wenn man ein Fahrrad braucht, bekommt	H. im Franziskanergarten
F	9. Filme gibt	I. ruft man die Nummer 9994 an
G	10. Die Einwohner spielen Tennis	J. im Tanzsportclub Schwarz-Gold e.V.

15 Kreuzworträsel (*Tipp:* Ü = UE; ß = SS)

Crossword grid with the following filled letters:

1 across: SINGEN
3 across: DICH
4 down: HANGELN
5 down: GIBT
6 across: WETTKAMPF
7 down: KOMPASS
8 down: PADDEL
2 down: GUTER
9 across: BUS
10 down: SCHRIE
11 down: LEITER
12 across: BATTERIEN
13 across: VERPASSEN
14 down: ALT
15 down: SCHIELEN
16 down: KUEL
17 down: KLETTER
18 across: KANUTEN
19 down: TRIE
20 across: DRAN
21 across: HEBT
22 across: GENIESST
23 across: TORE
24 across: TRAGEN

WAAGERECHT

1. Am Abend machen sie ein Picknick und ___ Lieder.

3. Wofür interessierst du ___?

6. Heute haben sie einen ___ gegen einen anderen Klub.

9. Drinnen in einem alten ___ üben ein paar Jungen und Mädchen auf den Musikinstrumenten.

12. Sandra kauft im Fotogeschäft ___.

13. Wenn sie Tore ___, dann verlieren sie Punkte.

18. Heike, Katja und Susanne sind sehr erfahrene ___.

20. Jetzt hat Sandra eine neue Kamera, mit allem Drum und ___.

21. Er ___ oft Gewichte.

22. ___ ihr denn nicht die Natur?

23. Sie paddeln ihre Kajaks durch die ___.

24. Sie müssen ihre eigenen Kajaks zum Wasser ___.

SENKRECHT

2. Sie sind alle in ___ Kondition.

4. Manche Jugendliche ___ sich über einen Bach.

5. Am Ufer ___ jemand ein Signal.

7. Wenn man den Weg finden will, dann ist es besser, einen ___ zu haben.

8. Es ist nicht leicht, gegen die Strömung zu ___.

10. Die Zuschauer stehen am Ufer und ___.

11. Hans-Dieter Klug ist der ___ des Rockmobilteams.

14. Als Sandra noch ein Kind war, hat sie von ihrer Oma eine ___ Kamera bekommen.

15. Der Besitzer des Fotogeschäfts ___ oft mit einem schnellen Film.

16. Das Wetter ist sehr ___.

17. Die Jungen ___ gern auf den Baum.

18. Ein Schüler sitzt in einer schalldichten ___, so dass er die anderen draußen nicht stört.

19. Der ___ gibt den Mädchen noch ein paar kurze Anweisungen.

16 *Kannst du die fehlenden Wörter raten?* **Die Anfangsbuchstaben (von oben nach unten gelesen) bilden ein Wort, von dem du in diesem Kapitel gelesen hast.**

1. Wenn das _____ Wetter _____ schlecht ist, dann macht es keinen Spaß im Freien zu spielen.

2. Die _____ Eifel _____ bietet besonders Naturfreunden vieles an.

3. Ein _____ Trainer _____ gibt den Mädchen noch Tipps, bevor sie mit ihren Kajaks fahren.

4. Die Mädchen müssen durch rote und grüne _____ Tore _____ fahren.

5. Beim Klettern und Hangeln muss man in guter _____ Kondition _____ sein.

6. Sei mutig! Hab keine _____ Angst _____!

7. Wenn man Gewichte hebt, braucht man starke _____ Muskeln _____.

8. Viele Leute sitzen gern im Freien, bringen Lebensmittel mit und machen dann ein _____ Picknick _____.

9. Wenn sie ein _____ Feuer _____ machen wollen, dann haben viele Leute Streichhölzer.

17 **Beende die folgenden Sätze mit sinnvollen Wörtern!**

Sample answers:

1. Mach dein Seil _____ straff _____.

2. Kann du mit dem Kompass _____ umgehen _____?

3. Die Jungen klettern _____ auf einen Baum _____.

4. Sie hangeln sich _____ über den Bach _____.

5. Zum Fotografieren brauche ich _____ ein Blitzgerät _____.

6. Willst du nicht die Natur _____ genießen _____?

7. Warum surfst du _____ im Internet _____?

8. Ich will keine Gewichte _____ heben _____.

9. Warum experimentiertst du _____ mit deiner Kamera _____?

10. Mit dem Streichholz machen sie_____ ein Feuer _____.

KAPITEL 8

Lektion A

1 *Wörterrätsel.* **Ten food related items or words are hidden in the word find below. The letters may go backward or forward; they may go up, down, across or diagonally. However, they go only one way in any one word. Can you find all of them?** (*Tipp:* Ä = AE)

K	E	A	I	R	S	I	O	A	D	E
A	G	R	M	N	R	E	B	I	E	I
E	S	A	S	E	T	H	L	O	H	M
S	D	T	B	T	S	I	K	L	E	B
E	G	N	B	E	R	T	Z	K	S	I
S	H	A	M	B	U	R	G	E	R	S
E	E	F	M	S	W	R	N	T	P	S
M	E	M	I	E	T	F	L	S	W	S
M	R	T	B	A	I	E	C	S	T	
E	M	E	T	N	R	T	E	H	A	
L	E	Z	E	R	B	W	D	U	W	N
B	E	E	T	I	T	E	P	P	A	D

2 Beantworte die Fragen mit ganzen Sätzen!
Answers will vary.

1. Was für eine Entscheidung musst du manchmal treffen?

   _____

   _____

2. Gibt es in deiner Gegend während des Jahres ein Fest? Was für ein Fest ist es?

   _____

   _____

3. Worauf hast du ab und zu Appetit? Wo bekommst du das zu essen?

   _____

   _____

4. Spielt das Wetter bei dir eine große Rolle, wenn du draußen bist? Warum? Warum nicht?

   _____

   _____

5. Machst du manchmal getrennte Kasse? Warum oder warum nicht?

   _____

   _____

6. Was musst du für dieses Essen bei einem Imbissstand in deiner Gegend bezahlen: ein Hamburger mit Pommes frites und eine Cola?

   _____

   _____

3 *Ergänze diese Sätze mit den richtigen Endungen!* **Nicht alle Wörter brauchen Endungen.**

1. Gestern habe ich ein_en___ interessant_en___ Film gesehen.

2. Hast du kein_e___ klein_e___ Schwester?

3. Mein_-___ gut_er___ Freund wohnt in Salzburg.

4. Ich kann ihr_en___ amerikanisch_en___ Onkel nicht verstehen.

5. Er hat kein_e___ deutsch_en___ Bücher zu Hause.

6. Unser_e___ neu_e___ Lehrerin ist sehr nett.

7. Warum willst du sein_em___ nett_en___ Vater nicht helfen?

8. Der Preis für dein_e___ neu_e___ Gitarre ist viel zu hoch.

9. Gefallen dir mein_e___ toll_en___ Jeans?

10. Wann fahrt ihr zu euer_er___ alt_en___ Tante?

4 **Ergänze die Sätze mit den Wörtern in Klammern.**

1. Er hat gestern (sein Reisepass / neu) ___seinen neuen Reisepass___ bekommen.

2. Um wie viel Uhr sollen wir zu (deine Party / groß) ___deiner großen Party___ kommen?

3. Während (unsere Reise / lang) ___unserer langen Reise___ haben wir viele Städte gesehen.

4. Habt ihr (keine Koffer / klein) ___keine kleinen Koffer___?

5. Hast du (eine Jacke / hell) ___eine helle Jacke___ mitgebracht?

6. Ich mag (kein Eis / französisch) ___kein französisches Eis___.

7. Ohne (seine Freundin / amerikanisch) ___seine amerikanische Freundin___ kommt er nicht zur Disko.

8. Mir gefällt (ihre Tasche / braun) ___ihre braune Tasche___ sehr gut.

9. Wir haben (keine Zeitungen / deutsch) ___keine deutschen Zeitungen___ gelesen.

10. Habt ihr (unsere Äpfel / süß) ___unsere süßen Äpfel___ gegessen?

5 Beende die folgenden Sätze! Benutze in jedem Satz ein anderes Adjektiv!

Beispiel: Ich habe ___ nicht gesehen.
Ich habe deinen kleinen Bruder nicht gesehen.

Sample answers:

1. Hast du keine _____ neuen CDs _____ gekauft?

2. Peter und Rolf besuchen ihre _____ alte Tante _____.

3. Wir haben uns sein _____ schönes Fotoalbum _____ gern angesehen.

4. Für Montag haben wir keine _____ schweren Hausaufgaben _____ auf.

5. Dein _____ bunter Mantel _____ ist echt toll.

6. Ich brauche meine _____ große Schultasche _____.

7. Wie gefällt dir unser _____ netter Lehrer _____?

8. Meine _____ braune Hose _____ steht mir nicht gut.

6 *Ergänze die Sätze mit Wörtern von der Liste!* **Die Sätze beschreiben „Das Oktoberfest".**

> Oktober Kartoffelsalat Karussells T-Shirts Schießbude Jahr
> Verkäufer Bierzelt Tischen Eis Pferde Trachten Kapelle Besucher
> Theresienwiese

1. Das Oktoberfest ist jedes _____ Jahr _____ in München.

2. Es im _____ Oktober _____ zu Ende.

3. Dieses bekannte Fest ist immer auf der _____ Theresienwiese _____ .

4. Manche Münchner haben ihre _____ Trachten _____ an.

5. Die _____ Karussells _____ sind besonders bei Jugendlichen sehr beliebt.

6. Wer ein gutes Auge hat, versucht sein Glück an einer _____ Schießbude _____ .

7. Viele _____ Verkäufer _____ haben an den verschiedenen Ständen viel zu tun.

8. Erwachsene kaufen für ihre Bekannten und Freunde _____ T-Shirts _____ .

9. Alle essen an warmen Tagen gern _____ Eis _____ .

10. Die Bayern essen gebackenen Fisch mit _____ Kartoffelsalat _____ .

11. Viele Besucher sitzen an langen _____ Tischen _____ und essen und trinken da.

12. Eine _____ Kapelle _____ macht für die Besucher viel Musik.

13. In einem _____ Bierzelt _____ ist es oft schwer, einen Platz zu finden.

14. Die Brauereien zeigen ihre geschmückten _____ Pferde _____ .

15. Das Oktoberfest ist für die _____ Besucher _____ ein großes Erlebnis.

7 *Kurze Geschichte des Oktoberfests.* **Lies den folgenden Artikel über die Geschichte des Oktoberfests und beantworte dann die Fragen. Du kennst nicht alle Wörter, aber trotzdem solltest du den Text verstehen.**

Im Oktober 1810 feierten Ludwig von Bayern (später König Ludwig I.) und Prinzessin Therese von Sachsen-Hildburghausen ihre Hochzeit. Sie und ihre vielen Gäste feierten fünf Tage lang. Während dieser Zeit gab es Paraden, viel Musik und natürlich viel zu essen und zu trinken. Man nannte das Fest schon damals „Volksfest". Viele Besucher zogen ihre Volkstrachten an. Ein großes Pferderennen fand auch vor den Toren Münchens statt. Zu Ehren der Braut gab man der Festwiese den Namen „Theresienwiese" — heute in München als „Wies'n" bekannt.

Zur gleichen Zeit trafen die Münchner die Entscheidung, das Pferderennen zu wiederholen. Später war es aber zu kompliziert, Pferderennen weiter zu machen. Deshalb gibt es heute keine Pferderennen mehr. Natürlich wollten auch Jung und Alt auf der Wies'n viel Spaß haben. Man stellte im Jahr 1818 das erste Karussel auf. Die Einwohner wollten aber noch mehr. Deshalb baute man später Bierzelte auf und natürlich kamen dann auch noch Imbissstände dazu.

Während des 1. Weltkriegs (1914–1918) und des 2. Weltkriegs (1939–1945) gab es kein Oktoberfest. Es dauerte aber nicht lange, bis das Oktoberfest das größte Volksfest der Welt wurde. Das Fest beginnt am dritten Wochenende im September und läuft sechzehn Tage lang bis Anfang Oktober.

Sample answers:

1. Warum begann das Oktoberfest vor fast 200 Jahren?

   Es gab eine Hochzeit. _____

2. Was machten die Leute während der ersten paar Tage?

   Sie machten Paraden, aßen und tranken viel. _____

3. Was passierte vor den Toren Münchens?

   Ein Pferderennen fand statt. _____

4. Warum hat man der Festwiese den Namen „Theresienwiese" gegeben?

   Es war zu Ehren der Braut. _____

5. Hat man heute noch Pferderennen?

   Nein, die gibt es nicht mehr. _____

6. Was ist besonders bei Jugendlichen schon seit 1818 sehr beliebt?

   Die Karussells sind bei ihnen sehr beliebt. _____

7. Wo können die Besucher etwas trinken und essen?

   Sie können in Bierzelten und an Imbissständen etwas trinken und essen. ____

8. Warum gab es in den Jahren 1939 bis 1945 kein Oktoberfest?

   In diesen Jahren war der 2. Weltkrieg. _____

KAPITEL 8

Lektion B

8 *Ein Kalender.* **Sieh dir einen Kalender von diesem Jahr an und beantworte dann diese Fragen!**

Answers will vary.

1. An welchem Wochentag ist dein Geburtstag?

   _____

2. Wann sind deine Sommerferien?

   _____

3. Wann ist Tag der Arbeit *(Labor Day)*?

   _____

4. An welchem Tag ist der Gedenktag *(Memorial Day)*?

   _____

5. An welchen Feiertagen hast du keine Schule?

   _____

6. In welchem Monat und an welchem Tag ist Lincolns Geburtstag?

   _____

9 *Ein besonderer Tag!* **Such dir ein Fest oder einen Feiertag während des Jahres aus und schreib kurz darüber! Sei sicher, dass du auch die folgenden Fragen beantwortest: Wann ist dieser Tag? Was ist so besonders an diesem Tag? Was ist da alles los? Was machst du dann? Machen noch andere mit? usw.**

Sentences will vary.

_____

_____

_____

_____

_____

_____

_____

_____

_____

_____

_____

_____

_____

_____

_____

_____

_____

_____

_____

_____

10 Was fehlt? Ergänze die Sätze mit den Wörtern aus der Liste!

> Magen   Überraschung   Lebkuchen   Wildwasserbahn   Wasser
> Stadtteil   Karten   Spaß   Treppe   Volksfest   Geburtstag   Lust

1. Wie das große Fest in München ist auch das _____Volksfest_____ in Cannstatt sehr bekannt.

2. Cannstatt ist ein _____Stadtteil_____ von Stuttgart.

3. Klaus feiert heute seinen _____Geburtstag_____.

4. Jürgen schenkt ihm einen _____Lebkuchen_____.

5. Klaus und Jürgen haben _____Lust_____, mit der Achterbahn zu fahren.

6. Mit vollem _____Magen_____ ist es nicht immer gut, eine wilde Fahrt zu machen.

7. Bei der _____Wildwasserbahn_____ stehen nicht viele Leute.

8. Jürgen kauft die _____Karten_____ an der Kasse.

9. Bevor sie ins Boot steigen, müssen sie auf einer _____Treppe_____ nach oben gehen.

10. Ganz unten spritzt das _____Wasser_____.

11. Auch auf der Achterbahn macht es _____Spaß_____.

12. Klaus' Eltern haben zu Hause eine große _____Überraschung_____.

11 Was findest du toll?

Beispiel: Auto /rot
        Rote Autos finde ich toll.

1. Kleid / bunt

   Bunte Kleider finde ich toll._____

2. Freund / italienisch

   Italienische Freunde finde ich toll._____

3. Film / französisch

Französische Filme finde ich toll.

4. CD / amerikanisch

Amerikanische CDs finde ich toll.

5. Buch / deutsch

Deutsche Bücher finde ich toll.

6. Stadt / groß

Große Städte finde ich toll.

12 *Da ist immer viel los!* Auf einem Fest ist immer viel los. Schreib ganze Sätze mit den folgenden Wörtern! Benutze keine Artikel vor Adjetiven und schreib die Sätze mit den Pluralformen der Hauptwörter!

Beispiel: Kind / fahren / viel / toll / Karussel
Die Kinder fahren viele tolle Karussels.

1. Besucher / kaufen / lecker / Brezel

Die Besucher kaufen leckere Brezeln.

2. manch / Junge / essen / ein paar / süß / Apfel

Manche Jungen essen ein paar süße Äpfel.

3. alt / jung / Tourist / hören / gut / Kapelle

Alte und junge Touristen hören gute Kapellen.

4. viel / Ausländer / sehen / schön / Pferd

Viele Ausländer sehen schöne Pferde.

5. heiß / Bratwurst / schmecken / besonders gut

Heiße Bratwürste schmecken besonders gut.

6. bunt / T-Shirt / sein / ganz beliebt

Bunte T-Shirts sind ganz beliebt.

13 *Was ist die richtige Reihenfolge?* Setz alles in die richtige Reihenfolge, so wie es im Lesestück passiert ist. Für die richtige Reihenfolge, benutze die Buchstaben A–N. Timo...

   __F__ 1 fährt in die Schule

   __K__ 2. begrüßt seine Großeltern

   __D__ 3. bekommt von seiner Schwester ein Geschenk

   __M__ 4. deckt mit seinen Freunden den Tisch

   __G__ 5. muss sich auf einen Stuhl im Klassenzimmer setzen

   __I__ 6. trifft seinen Freund vor dem Supermarkt

   __L__ 7. spricht mit Karla am Telefon

   __B__ 8. zieht sich an

   __C__ 9. spricht mit seinem Vater

   __N__ 10. sitzt mit seinen Freunden herum und unterhält sich mit ihnen

   __A__ 11. steht auf

   __H__ 12. macht seine Hausaufgaben

   __J__ 13. geht mit einem Einkaufswagen von einer Reihe zur anderen

   __E__ 14. holt sein Fahrrad aus der Garage

Name _____ Datum _____

14 *Weißt du, worüber man spricht?* **Die folgenden Sätze beschreiben den Inhalt von „Land und Leute".**

1. Der Karneval hat seinen Höhepunkt am _____Rosenmontag_____.

2. Dieses Fest in dieser süddeutschen Stadt geht auf das 15. Jahrhundert zurück. Damals fand eine berühmte Hochzeit statt. Dieses Fest heißt die _____Landshuter Hochzeit_____.

3. Das bekannte _____Wurstfest_____ findet jedes Jahr in Bad Dürkheim statt. Es ist das größte Weinfest der Welt.

4. Der Bürgermeister hat einen großen Krug Wein getrunken. Das Fest heißt der _____Meistertrunk_____.

5. Die Kinder suchen bunte Eier. Sie sind manchmal in kleinen Körben. Dieser Feiertag heißt _____Ostern_____.

6. Bei diesem Fest müssen sie dreihundert Meter laufen. Es heißt der _____Uracher Schäferlauf_____.

7. Man feiert es zwischen dem 9. Mai und dem 13. Juni. Der Feiertag heißt _____Pfingsten_____.

8. Die Kinder freuen sich, wenn dieser Mann während der Weihnachtszeit kommt. Der Mann heißt der _____Weihnachtsmann_____.

9. Dieses Fest kommt aus dem 15. Jahrhundert. Es findet auf einem Fluss statt. Man versucht, die andere Person aus dem Boot zu stoßen. Das Fest heißt das _____Ulmer Fischerstechen_____.

10. Zur Weihnachtszeit bekommen die Kinder einen _____Adventskalender_____. Jeden Morgen dürfen sie ein Fenster oder eine Tür aufmachen.

11. Der _____Fasching_____ ist in München. Es ist dasselbe Fest wie der Karneval in Köln.

12. Das größte Fest in Deutschland ist das _____Oktoberfest_____.

13. Das _____Cannstatter Volksfest_____ feiert man auch in Chicago.

14. Die Kinder haben diese Stadt in der Nähe von Rothenburg gerettet. Das Fest, das man jedes Jahr hier feiert, heißt die _____Kinderzeche_____.

15 *Landshut feiert 500 Jahre „Landshuter Hochzeit".* **Jürgen hat im Familienalbum die folgende Information gefunden. Seine Eltern sind im Jahr 1975 zur Landshuter Hochzeit gefahren und erzählen noch heute von dem berühmten Fest. Beantworte die folgenden Fragen!** (*Tipp:* **Damals gab es noch DM [Deutsche Mark] und keine Euro.)**

Landshuter Hochzeit 1475

Übernachtung

Bestimmt müssen viele Besucher während dieser Tage außerhalb der Stadt übernachten, denn die ganze Stadt wird überfüllt sein. In Landshut (55 435 Einwohner) und in der Umgebung stehen zur Verfügung: 1429 Betten in 54 Hotels und Gasthöfen. Übernachtung und Frühstück 11- 48 DM.

Nächster Termin

20. Juni bis 12. Juli, vier Wochenenden, jeweils mit „Musik um 1475", „Fest- und Tanzspiel", „Festlichen Spielen im nächtligen Lager", „Hochzeitszug" sowie „Huldigungen, Reiter- und Ritterspielen".

Kostenlos sehen kann man in der Alt- oder Neustadt den Hochzeitszug am Sonntagnachmittag ab 14.45 Uhr, außerdem das Altstadtleben am Samstagnachmittag und Sonntagvormittag. Karten für das Lagerleben werden am Samstag und Sonntag gegen Abend zu je 3 DM verkauft. Für alle andere Veranstaltungen gibt es noch ein paar Karten zum Preis von 14-24 DM an der Kasse im Rathaus.

Auskunft

Verein „Die Förderer", Spiegelgasse 208, 8300 Landshut, Tel. 08 71/2 29 18 oder Verkehrsverein Landshut (Kartenvorverkauf), Altstadt 79, 8300 Landshut, Tel. 08 71/2 30 31.

Die Rückfahrkarte nach Landshut kostet

	2. Klasse	1. Klasse
ab Hamburg	DM 238,-	DM 358,-
ab Berlin	DM 146,60	DM 220,-
ab Hannover	DM 188,-	DM 282,-
ab Düsseldorf	DM 196,-	DM 294,-
ab Frankfurt	DM 126,-	DM 190,-
ab Stuttgart	DM 94,-	DM 142,-
ab München	DM 24,-	DM 36,-

Name _____ Datum _____

1. Wie viele Einwohner hatte Landshut?

   Landshut hatte 55 435 Einwohner.

2. Wie viel kostete eine normale Rückfahrkarte von Düsseldorf nach Landshut
   (2. Klasse)?

   Eine normale Rückfahrkarte von Düsseldorf nach Landshut (2. Klasse)

   kostete DM 196,-.

3. Wie viele Hotels und Gasthöfe gab es im Jahr 1975 in Landshut und
   Umgebung und wie teuer war die Übernachtung mit Frühstück?

   Es gab 54 Hotels und Gasthöfe in Landshut und Umgebung. Die

   Übernachtung und Frühstück kosteten 11-48 DM.

4. Wann fand *die Landshuter Hochzeit* statt?

   Die Landshuter Hochzeit fand vom 20. Juni bis 12. Juli statt.

5. An welchem Tag und um wie viel Uhr begann der Hochzeitszug *(wedding
   parade)*?

   Der Hochzeitszug begann am Sonntagnachmittag um 14.45 Uhr.

6. Wo konnte man Information über *die Landshuter Hochzeit* bekommen?

   Man konnte Information beim Verein „Die Förderer" bekommen.

7. Was war die Postleitzahl *(zip code)* von Landshut?

   Die Postleitzahl war 8300.

16 *Wann und wie viele Tage finden diese Feste statt? Sieh dir die Anzeige an und schreib dann wann und wie viele Tage jedes Fest stattfindet!*

Beispiel: Sommerfest
Es findet vier Tage statt, vom achten bis zum elften August.

1. Stuttgarter Weindorf

   Es findet zwölf Tage statt, vom achtundzwanzigsten August bis zum achten

   September.

2. Cannstatter Volksfest

   Es findet sechzehn Tage statt, vom einundzwanzigsten September bis zum

   sechsten Oktober.

3. Stuttgarter Weihnachtsmarkt

   Es findet sechsundzwanzig Tage statt, vom achtundzwanzigsten November

   bis zum dreiundzwanzigsten Dezember.

4. Hamburger Fischmarkt

   Es findet elf Tage statt, vom vierten bis zum vierzehnten Juli.

5. Stuttgarter Frühlingsfest

   Es findet dreiundzwanzig Tage statt, vom zwanzigsten April bis zum

   zwölften Mai.

17 *Stell dir vor, dass du bei einem Reisebüro arbeitest.* **Kunden rufen dich oft an und wollen Auskunft über verschiedene deutsche Feste haben. Kannst du ihnen helfen?**

Sample answers:

Kundin: Können Sie mir sagen, was Ende September in Deutschland los ist?

Du: <u>Da gibt es viele Feste.</u>

Kundin: Wo sind denn die Feste?

Du: <u>Es gibt Weinfeste am Rhein und natürlich das Oktoberfest in München.</u>

Kundin: Ach ja. Sie haben Recht. Ist das Oktoberfest nicht das größte Fest?

Du: <u>Ja, es beginnt schon im September.</u>

Kundin: Und wie lange läuft das Oktoberfest?

Du: <u>Sechzehn Tage.</u>

Kundin: Kann man noch Hotelzimmer bekommen?

Du: <u>Ja, aber sie sind sehr teuer.</u>

Kundin: Können Sie mir vorschlagen, wo man preiswerter übernachten kann?

Du: <u>In einer Pension ist es viel preiswerter.</u>

Kundin: So? Gibt es denn Pensionen in der Stadtmitte?

Du: <u>Nein, die sind nicht in der Stadt, aber Sie können mit verschiedenen</u>

<u>Verkehrsmitteln schnell in die Stadt kommen.</u>

Kundin: Und mit welchen Verkehrsmitteln kann man zum Oktoberfest fahren?

Du: <u>Mit der U-Bahn oder mit dem Bus.</u>

Kundin: Also, gut. Wir bleiben dann fünf Tage in München.

Du: <u>Wir schicken Ihnen eine Broschüre. Da können Sie viel über München</u>

<u>lesen.</u>

Kundin: Vielen Dank für die Broschüre und Ihre Auskunft.

Du: <u>Bitte sehr.</u>

18 Welche Endungen fehlen hier?

Angelika und Tina wollen im nächst_en_ Monat mit ihren neu_en_

Fahrrädern eine Tour zur Ostsee machen. In einer bunt_en_ Broschüre haben

sie über die interessant_en_ norddeutsch_en_ Städte und Orte gelesen.

An einem schön_en_ sonnig_en_ Tag fahren sie los. Angelika hat ihr

braun_es_ Zelt auf ihrem Fahrrad. Tina muss die beid_en_ groß_en_

Schlafsäcke auf ihrem Fahrrad festmachen. Auf dem Weg halten sie ab und zu

an. Sie haben belegt_e_ Brote gemacht und auch frisch_es_ Obst

mitgenommen.

Am erst_en_ Abend kommen sie nach Eckernförde, einer klein_en_ Stadt

an der Ostsee. Auf einem Campingplatz breiten sie ihr alt_es_ Zelt aus und

bauen es auch gleich auf. Neben ihnen sind ein paar nett_e_ Amerikaner.

Die sprechen kein schlecht_es_ Deutsch. Manchmal verstehen sie nicht, was

die deutsch_en_ Wörter bedeuten. Die Amerikaner haben aber ein

deutsch_es_ Wörterbuch mitgebracht. Manchmal lachen alle. Ein paar

neu_e_ Wörter haben doch eine ander_e_ Bedeutung.

Während der nächst_en_ paar Tage verbringen sie viele schön_e_

Stunden. Sie schicken auch ein paar bunt_e_ Ansichtskarten nach Hause.

Nächstes Jahr haben sie vor, eine läng_er_e Radtour in den südlich_en_

Teil Deutschlands zu machen.

19 *Nenne die Wörter!* **Die Anfangsbuchstaben (von oben nach unten gelesen) ergeben ein bekanntes deutsches Fest.**

1. Zu _____ Ostern _____ suchen viele Kinder bunte Eier.

2. Timo feiert mit seinen Freunden im _____ Keller _____. Da ist mehr Platz.

3. Auf einer _____ Treppe _____ steigen Klaus und Jürgen nach oben und setzen sich dann ins Boot.

4. Berlin liegt im _____ Osten _____ Deutschlands.

5. Stefan hat vielleicht auf eine Käsesemmel oder auf eine große _____ Brezel _____ Appetit.

6. Stefan und Johann wollen eine _____ Entscheidung _____ treffen, was sie essen wollen.

7. Wenn es stark regnet, dann tragen viele Leute einen _____ Regenschirm _____.

8. Ein _____ Feiertag _____ ist ein besonderer Tag, an dem die Leute nicht arbeiten.

9. Der Tag der _____ Einheit _____ ist ein Feiertag am 3. Oktober.

10. Stefan will einen Hamburger, Pommes frites mit viel Ketschup und _____ Senf _____ essen.

11. Das Oktoberfest dauert immer sechzehn _____ Tage _____.

20 Kreuzworträtsel (*Tipp:* Ä = AE; ß = SS)

```
         ¹J    ²S  P  A  ³S  S
  ⁴G        A      E         T           ⁵S
   A        H      N    ⁶L  U  F  T       T
   R        R      F      H              A
  ⁷K  A  R  ⁸T  E  N      L              E
   G        E            ⁹B              N
  ¹⁰K  E  L  L  E  R      R              D
       E         ¹¹P  F  E  R  D  E
       F          A      Z
  ¹²O  K  T  O  B  E  R  F  E  S  T
   P        N      T      L
   A              Y
```

WAAGERECHT

2. Die Achterbahn macht viel ___.

6. Auf einem Karusell kann man auch durch die ___ schweben.

7. Jürgen kauft zwei ___ für die Wildwasserbahn.

10. Die Jugendlichen feiern Timos Geburtstag im ___.

11. Vor einem Zelt stehen schön geschmückte ___.

12. Das ___ findet jedes Jahr in München statt.

SENKRECHT

1. Timo ist heute 17 ___ alt.

2. Ich will Ketschup und ___ auf meinem Hamburger.

3. In der Klasse heben ein paar Schulfreunde Timo auf einem ___ in die Luft.

4. Timo holt sein Fahrrad aus der ___.

5. Viele ___ verkaufen Bratwürste, Hamburger und Fisch.

8. Das ___ klingelt.

9. Stefan will vielleicht eine große ___.

11. Die ___ geht viel zu schnell zu Ende.

12. Timo bekommt auch von seiner Oma und seinem ___ ein Geschenk.

KAPITEL 9

Lektion A

1 *Briefmarken erzählen Geschichten.* **Die folgenden Briefmarken zeigen besondere Ereignisse. Entscheide, welche der Briefmarken mit der Beschreibung zusammenpassen.**

_____H____ 1. Man warnt hier, kein Bier oder Wein zu trinken, wenn man auf der Straße fährt.

_____B____ 2. Dieser berühmte Komponist hat vor mehr als zweihundert Jahren gelebt.

_____J____ 3. Man ehrt *(honors)* hier Handwerker wie zum Beispiel Bäcker, Schlosser und Schneider.

_____D____ 4. Es zeigt Sehenswürdigkeiten dieser Stadt.

_____E____ 5. Es war die Hauptstadt Deutschlands, bevor Berlin wieder die Hauptstadt wurde.

_____F____ 6. Bei dieser Person kann man Medizin kaufen.

_____G____ 7. Man feiert es im letzten Monat des Jahres.

_____C____ 8. Züge sind schon seit 150 Jahren auf dieser Strecke gefahren.

_____I____ 9. Ein bekanntes Sportfest hat vor Jahren in dieser Stadt stattgefunden.

_____A___10. Dieses weltberühmte Gemälde *(painting)* kann man in einem Pariser Museum sehen.

2 *Was schreibt man auf einen Briefumschlag? Beantworte diese Fragen!*

Dirk schreibt einen Brief an Marlene.

Hierzu braucht Dirk
einen Bogen Papier,
einen Briefumschlag
und eine Briefmarke.
Zuerst schreibt er

Dirk Meier
Kanzleistraße 32
24941 Flensburg

Marlene weiß dann, wer ihr
geschrieben hat.
Den fertigen Brief steckt Dirk
in einen Briefumschlag und schreibt
darauf Marlenes Anschrift.
Die Zahl vor dem Ort
heißt Postleitzahl.
Diese Zahl besteht aus fünf Ziffern
und leitet den Brief
an den richtigen Ort.
Zum Schluß klebt er noch
eine Briefmarke rechts oben
auf den Umschlag.

1. Wo soll der Absender stehen?

   Links oben.

2. Steht die Straße nach dem Ort?

   Nein, sie steht vor dem Ort.

3. Wie heißt die Nummer vor jedem Ort?

   Das ist die Postleitzahl.

4. Wo findet man meistens die Briefmarken auf einem Briefumschlag?

   Rechts oben.

5. In welcher Stadt wohnt Dirk Meier?

   Er wohnt in Flensburg.

6. An wen schreibt er einen Brief?

   An Marlene Böhmer.

7. Wer wohnt in der Kanzleistraße?

   Dirk Meier.

8. Was ist die Postleitzahl von der Lönsstraße in Darmstadt?

   64291.

3 Was passt hier? Die Antworten findest du am Anfang dieser Lektion.

_J_ 1. Hanne hat ihre Freundin

_G_ 2. Auf dem Weg hat sie noch

_B_ 3. Hanne schickt die Post an

_C_ 4. Hanne hat die Ansichtskarte

_K_ 5. Leider hat sie die Postleitzahl

_A_ 6. In der Post hat sie

_I_ 7. Man leert den Briefkasten

_E_ 8. Hanne schreibt ihrer Freundin

_F_ 9. Karsta wird Hanne

_D_ 10. Britta will sich im KaDeWe

_H_ 11. Britta hat schon viel

A. eine Briefmarke gekauft

B. ihre Freundin in Leipzig

C. an einem Zeitungsstand gekauft

D. Notebooks ansehen

E. einmal im Monat

F. im Sommer besuchen

G. eine Karte an ihre Freundin geschrieben

H. auf dem Computer ihres Onkels gelernt

I. in zwei Stunden

J. in der Stadt getroffen

K. nicht gewusst

4 Wohin stellst/legst du es? Wo steht/liegt es dann? Schreib neue Sätze!

Beispiele: Tasse / auf / Tisch / stellen
Ich stelle die Tasse auf den Tisch.
Jetzt steht die Tasse auf dem Tisch.

Heft / in / Schultasche / legen
Ich lege das Heft in die Schultasche.
Jetzt liegt das Heft in der Schultasche.

1. Auto / an / Ecke /stellen

   Ich stelle das Auto an die Ecke.

   Jetzt steht das Auto an der Ecke.

2. Zeitung / vor / Tür / legen

   Ich lege die Zeitung vor die Tür.

   Jetzt liegt die Zeitung vor der Tür.

3. Tasche / unter / Stuhl / legen

   <u>Ich lege die Tasche unter den Stuhl.</u>

   <u>Jetzt liegt die Tasche unter dem (unterm) Stuhl.</u>

4. Lampe / auf / Bücherregal / stellen

   <u>Ich stelle die Lampe auf das (aufs) Bücherregal.</u>

   <u>Jetzt steht die Lampe auf dem Bücherregal.</u>

5. Fahrrad / hinter / Haus / stellen

   <u>Ich stelle das Fahrrad hinter das (hinters) Haus.</u>

   <u>Jetzt steht das Fahrrad hinter dem (hinterm) Haus.</u>

6. Kuli / neben / Heft / legen

   <u>Ich lege den Kuli neben das Heft.</u>

   <u>Jetzt liegt der Kuli neben dem Heft.</u>

5 Ergänze die Sätze mit verschiedenen Hauptwörtern und den richtigen Artikeln!

Sample answers:

1. Hast du die Tasse auf _____ <u>die Untertasse</u> _____ gestellt?

2. Die Touristen stehen schon um acht Uhr vor _____ <u>dem Museum</u> _____ .

3. Das Buch liegt neben _____ <u>der Zeitschrift</u> _____ .

4. Wir fahren gern mit dir in _____ <u>die Stadt</u> _____ .

5. Die Garage ist hinter _____ <u>dem Haus</u> _____ .

6. Stellen Sie Ihren Koffer am besten vor _____ <u>die Tür</u> _____ !

7. Auf _____ <u>der Straße</u> _____ ist heute viel los.

8. Leg doch die CDs unter _____ <u>den Stuhl</u> _____ !

6 Ergänze die folgenden Sätze!

1. Das Flugzeug fliegt über ____das____ Land.

2. Warte doch an ____der____ Ecke!

3. Das Motorrad steht zwischen ____dem____ Bus und ____der____ Straßenbahn.

4. Stellen Sie den Stuhl bitte neben ____die____ Tafel!

5. Die Leute sitzen auf ____der____ Bank.

6. Sie gehen oft in ____den____ Klub.

7. Die Besucher stehen vor ____dem____ Schloss.

8. Die Verkäufer sind jeden Samstag auf ____dem____ Markt.

9. Er muss in ____das____ Geschäft gehen.

10. Warum lauft ihr hinter ____das____ Haus?

11. Die Jugendlichen sitzen auf ____dem____ Rasen.

12. Er legt die Bordkarte neben ____den____ Reisepass.

13. Wir setzen uns an ____den____ Tisch.

14. Viele Leute sind in ____dem____ Wasser.

15. Die Krawatte liegt unter ____der____ Hose.

7 *Die Bodensee Ferienzeitung.* Die „Bodensee Ferienzeitung" ist eine von tausenden Zeitungen, die es in Deutschland gibt. Lies die Artikel und beantworte dann die Fragen! Hier sind zwei Vokabeln, die du gebrauchen kannst: *der Gipfel* mountaintop; *der Vorschlag* suggestion.

BODENSEE FERIENZEITUNG

RUND UM - MIT DEM RAD!

Es gehört schon zu den etwas sportlicheren Erlebnissen, den Bodensee mit dem Fahrrad zu umrunden. An einem Tag ist dies natürlich nicht zu schaffen: Drei Länder, Badeufer, die Rheinmündung, herrliche Stadtpromenaden, es gibt einfach zu viel zu sehen und man sollte solch eine Tour gut vorbereiten. Unser Tip: Buchen Sie die „Rundum - Pauschale mit dem Rad" beim Verkehrsamt Sipplingen vom 11. bis 17. September.

JUCHHE! BERGWANDERN BEFREIT DIE SEELE

Jetzt kommt die schönste Zeit für das Bergwandern. Die Temperaturen sind moderat und die Fernsicht ist im Herbst über jeden Nebel erhaben. Rund um den Bodensee-Hausberg, den 2500m hohen Säntis haben wir für Sie ein einzigartiges Wandergebiet entdeckt. Die vier Bergbahnen im Apperzellerland – im Zentrum der Säntis – haben dafür jetzt eine neue Wanderkarte

erstellt, die es bisher in dieser Form noch nicht gab. 100 Wandervorschläge sind darin und da ist auch sicher Ihr Lieblingsweg dabei. Unser Tip: Bevor Sie starten – besorgen Sie sich gutes Schuhwerk und dann genießen Sie die saubere Höhenluft der Appenzeller Berge und probieren an Ort und Stelle den berühmten Käse.

SCHAFFEN SIE SICH DEN ÜBERBLICK!

Sommer, Frühling, Herbst und Winter – der Säntisgipfel ist das ganze Jahr offen, aber im Herbst ist der 360° Rund-Um-Blick vielleicht noch ein wenig faszinierender, die Gipfel etwas massiger und die Täler etwas „samtiger". Im Herbst beginnt nämlich die Zeit der klaren Luft, die an die besten Fernsichtlagen des Winters heranreicht und doch sind die Täler und Almen noch überzogen mit samtgrünen saftigen Wiesen. Wer diesen Kontrast liebt, der sollte jetzt einen Ausflug zum Säntis machen. Wer die absolut große klare weiße Weite möchte, dem empfehlen wir im Winter auf den Säntis zu fahren. Unser Tip: Verbinden Sie den Ausflug jetzt mit einem Besuch im Städtchen Appenzell oder im Museum für Volkskunde in Stein (Appenzell). Im Winter läßt sich der Gipfelbesuch auch mit einer Skiwanderung verbinden. Gepflegte Loipen sind vorhanden. Säntis Wettertelefon: 0041/71/582121

1. Wann ist die Luft in dieser Gegend am klarsten?

   Im Herbst.

2. Was soll man besonders beim Wandern anhaben?

   Gute Schuhe. (Gutes Schuhwerk.)

3. Wie viele Länder grenzen an den Bodensee?

   Drei Länder.

4. Wie hoch ist der Säntis, ein Berg in dieser Gegend?

   Er ist 2500m hoch.

5. Wie kommt man auf den Gipfel dieses Berges?

   Mit einer von vier Bergbahnen oder zu Fuß.

6. Wie wissen die Touristen, wo sie wandern können?

   Es gibt 100 Wandervorschläge.

7. Wo und wann kann man Information über Radtouren bekommen?

   Beim Verkehrsamt Sipplingen vom 11. bis 17. September.

8. Was kann man tun, wenn man wissen will, wie das Wetter auf dem Säntis ist?

   Man kann die Telefonnummer 0041/71/582121 anrufen.

KAPITEL 9

Lektion B

8 **Was is alles los gewesen?** Die folgenden Sätze beschreiben den Dialog über Uwe und Stephanie am Anfang dieser Lektion. Benutze alle Verben aus der Liste und schreib sie im Perfekt (*present perfect*)?

> chatten   schicken   kennen   kaufen   sein   haben
>
> zeigen   anrufen   surfen   setzen   anklicken   sagen

1. Uwe und Stephanie haben sich schon ein paar Jahre _____ gekannt _____.

2. Heute hat Uwe schon ein paar Mal bei Stephanie _____ angerufen _____.

3. Sie ist aber nicht zu Hause _____ gewesen _____.

4. Uwe hat ihr eine SMS _____ geschickt _____.

5. Stephanie hat mit ihrem Vater einen Drucker _____ gekauft _____.

6. Uwe hat Probleme mit seinem Aufsatz _____ gehabt _____.

7. Uwe hat mit seinem Freund in England _____ gechattet _____.

8. Uwes Lehrer hat seinen Schülern _____ gesagt _____, sie sollen etwas über den 1. Weltkrieg schreiben.

9. Stephanie hat schon oft im Internet _____ gesurft _____.

10. Stephanie hat sich nicht auf einen Stuhl _____ gesetzt _____.

11. Uwe hat wichtige Informationen im Internet _____ angeklickt _____.

12. Stephanie hat Uwe _____ gezeigt _____, wie er wichtige Informationen bekommen kann.

Name _____ Datum _____

9 *Du chattest mit jemanden.* **Du hast einen neuen E-Mail Partner. Er schreibt dir zum ersten Mal und stellt dir ein paar Fragen. Beantworte sie!**

Answers will vary.

1. Kannst du deine Gegend, wo du wohnst, kurz beschreiben?

   _____

   _____

2. Wie gefällt dir deine Schule?

   _____

   _____

3. Was für Fächer hast du?

   _____

   _____

4. Welches Fach hast du am liebsten? Warum?

   _____

   _____

5. Welche Hobbys hast du?

   _____

   _____

6. Was machst du meistens am Wochenende?

   _____

   _____

7. Was hast du im Sommer vor?

   _____

   _____

10 **Replace each *da*-compound with a prepositional phrase. Whenever a *wo*-compound is used, answer the question by substituting a prepositional phrase.**

Beispiele: Sie setzt sich darauf.
            Sie setzt sich auf den Stuhl.

            Wovon erzählt er?
            Er erzählt von seiner Reise.

Sample answers:

1. Ich habe dafür bezahlt.

   Ich habe für die Karten bezahlt.

2. Worauf hat Daniela die Briefmarken gelegt?

   Sie hat die Briefmarken auf den Tisch gelegt.

3. Herr Schulz steht daneben.

   Herr Schulz steht neben dem Eingang.

4. Womit haben sie gespielt?

   Sie haben mit den Karten gespielt.

5. Ich habe nicht davon gehört.

   Ich habe nicht von dieser Reise gehört.

6. Was sagt der Lehrer dazu?

   Was sagt der Lehrer zu dieser Arbeit?

7. Wovon hat sie nichts gesagt?

   Sie hat nichts von der Party gesagt.

8. Woraus sind sie gekommen?

   Sie sind aus dem Haus gekommen.

11 *Was passt hier?* **Die Antworten findest du im Lesestück dieses Kapitels.**

_I_	1. Manfred wollte schon als kleiner Junge	A. ein paar Teile
_F_	2. Im Gymnasium hat er mit seinen Schulfreunden	B. im Rundfunk machen
_D_	3. Zweimal im Monat konnte man	C. ein paar Tonbänder aus
_H_	4. Manfred hat einen Brief	D. die Interviews mit Schülern und Eltern in einem Rundfunksender hören
_B_	5. Er kann sein Praktikum	E. vor einem Mikrofon
_K_	6. Die Deutsche Welle fördert	F. ein Tonstudio gemanagt
_L_	7. Manfred muss in den ersten Tagen	G. die Aufnahmen regulieren
_C_	8. Er sucht mit einer Angestellten	H. an die Deutsche Welle geschrieben
_J_	9. Ein Tontechniker legt	I. im Rundfunk oder im Fernsehen arbeiten
_A_	10. Der Tontechniker schneidet	J. die Tonbänder auf und spielt sie
_G_	11. Auf einer Tafel kann man	K. Deutsch und Fremdsprachen
_E_	12. Eine Dame sitzt	L. im Archiv arbeiten

12 *Was ist die richtige Reihenfolge?* **Setz alles in die richtige Reihenfolge, so wie es im Lesestück passiert ist. Für die richtige Reihenfolge, benutze die Buchstaben A–L. Manfred...**

_D_	1.	hat auf seinen Brief eine Antwort bekommen
_J_	2.	spricht mit einer jungen Dame im Studio
_F_	3.	hilft im Archiv
_H_	4.	hört mit anderen jungen Leuten wie der Tontechniker Teile eines Interviews spielt
_A_	5.	hat sich schon als Kind für den Rundfunk und das Fernsehen interessiert
_L_	6.	hat es während der zwei Monate beim Rundfunk sehr gefallen
_C_	7.	hat einen Brief an die Deutsche Welle geschrieben
_G_	8.	bringt Tonbänder aus dem Archiv zum Tontechniker
_K_	9.	sieht wie die Dame ins Mikrofon spricht
_B_	10.	hat Interviews in der Schule gemacht
_I_	11.	sieht, dass der Tontechniker nur die wichtigsten Teile des Interviews benutzt
_E_	12.	bekommt von einer Angestellten Anweisungen, was er beim Rundfunk machen wird

13 *Kannst du die fehlenden Wörter raten?* **Die Anfangsbuchstaben (von oben nach unten gelesen) bilden ein Wort, von dem du in diesem Kapitel gelesen hast.**

1. Hanne und _____Britta_____ treffen sich in der Stadt.

2. Manfred macht sein Praktikum beim _____Rundfunk_____.

3. Der Tontechniker schneidet Teile eines _____Interviews_____.

4. Der Name eines _____Empfängers_____ steht vor der Adresse auf einem Briefumschlag.

5. Englisch und Französisch sind für Deutsche _____Fremdsprachen_____.

6. Nach dem Abitur gehen viele Jugendliche auf die _____Uni(versität)_____ und studieren dort.

7. Eine junge Dame sitzt vor einem _____Mikrofon_____ im Studio und liest etwas auf das Tonband.

8. Uwe hat Stephanie angerufen, aber sie war nicht zu Hause. Deshalb schickt er ihr eine _____SMS_____.

9. Wenn man mit vielen Leuten im Internet spricht, dann ist man in einem _____Chatraum_____.

10. In einer Adresse steht die _____Hausnummer_____ immer nach dem Namen der Straße.

11. Ein Brief geht viel schneller mit _____Luftpost_____ als mit dem Zug oder Schiff.

12. Viele Tonbänder sind im _____Archiv_____ der Deutschen Welle. Dort beginnt Manfred mit seiner Arbeit.

13. Uwe muss etwas über die englische _____Geschichte_____ schreiben.

14 Kreuzworträtsel

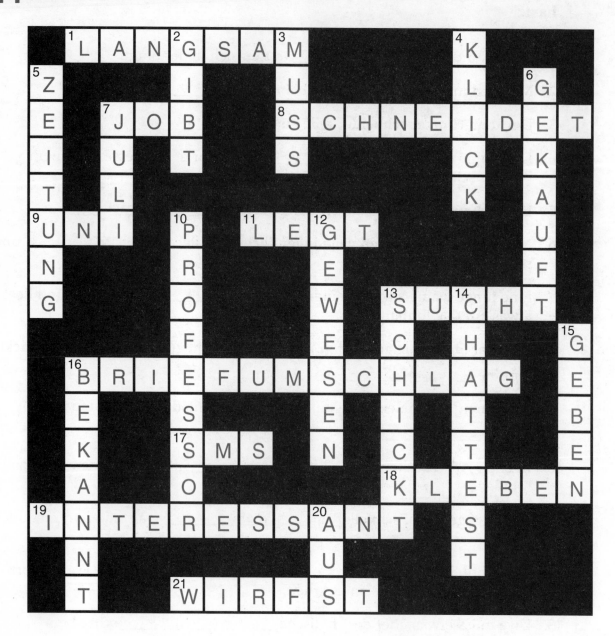

WAAGERECHT

1. Der alte Drucker druckt zu ___.

7. Manfred will später beim Rundfunk oder Fernsehen einen ___ bekommen.

8. Der Tontechniker ___ ein paar Teile und nimmt nur die wichtigsten Sachen.

9. Manfred hat sich auch auf der ___ für den Rundfunk und das Fernsehen interessiert.

11. Ein Tontechniker ___ ein Tonband auf.

13. Manfred ___ im Archiv ein paar Tonbänder aus.

16. Auf dem ___ stehen der Name und die Adresse.

17. Uwe schickt Stephanie eine ___.

18. Hanne muss noch eine Briefmarke auf die Ansichtskarte ___.

19. Manfred findet die Arbeit sehr ___.

21. Warum ___ du den Brief nicht in den Briefkasten?

SENKRECHT

2. Eine Angestellte ___ Manfred Anweisungen, was er machen soll.

3. Uwe ___ etwas über die englische Geschichte schreiben.

4. ___ doch diese Web-Seite an!

5. Deutsche lesen am liebsten die tägliche oder die wöchentliche ___.

6. Hanne hat die Ansichtskarte am Zeitungsstand ___.

7. Karsta wird Hanne im ___ besuchen.

10. Sein ___ hat Manfred ein Empfehlungsschreiben gegeben.

12. Stephanie ist mit ihrem Vater im Computergeschäft ___.

13. Hanne ___ eine Ansichtskarte an ihre Brieffreundin in Leipzig.

14. ___ du oft im Internet?

15. Man soll keine perönlichen Daten ins Netz ___.

16. Die Deutsche Welle ist als einer der größten Auslandssender der Welt ___.

20. Tausche keine E-Mail Adressen mit fremden Leuten ___!

15 *Wie kommt die Sendung zum Empfänger?* **Lies den folgenden Artikel und beantworte dann die Fragen! Hier sind ein paar wichtige Vokabeln:** *der Postbote* **letter carrier;** *der Einwurfschlitz* **mailbox slot;** *außerhalb* **outside;** *das Gebäude* **building;** *die Gartenpforte* **garden gate;** *breit* **wide;** *der Boden* **ground;** *mindestens* **at least;** *das Einschreiben* **registered mail.**

Wie kommt die Sendung zum Empfänger?

Es gibt verschiedene Möglichkeiten:

Zustellung – die Post frei Haus

Viele Sendungen werden den Empfängern direkt zugestellt. Für Briefsendungen gibt's den Hausbriefkasten.

Damit dieser weder für den Empfänger noch für den Postboten zum täglichen Ärgernis wird, hier ein paar Tips, wie der „ideale" Briefkasten aussieht:

- Der Empfänger möchte auch Sendungen im A4-Format möglichst ungefaltet und unzerdrückt erhalten. Der Briefkasten sollte deshalb bestimmte Mindestmaße haben:

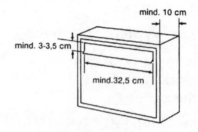

mind. 10 cm

mind. 3-3,5 cm

mind. 32,5 cm

- Jeder Postempfänger hat einen Namen – und den sollte er auch gut lesbar an seinem Briefkasten anbringen.

- Damit die Zustellung für den Briefträger kein täglicher Hindernislauf durch Vorgärten und Gebäude ist, wird der Briefkasten am besten außerhalb der Gebäude und bei Einfamilienhäusern z. B. an der Gartenpforte angebracht.

- Wenn der Briefkasten nur mit sportlichen Verrenkungen gefüllt oder geleert werden kann, ist irgend etwas faul … Die optimale Höhe für einen Briefkasten ist durch folgende Zahlen gegeben: Der Einwurfschlitz sollte sich mindestens 50 cm, höchstens 180 cm über dem Boden befinden.

Gewöhnliche Briefe, Postkarten usw. kann der Postbote einfach in den Hausbriefkasten einwerfen.

Einschreiben und Sendungen mit dem Vermerk „Wertangabe" oder „Eigenhändig" werden jedoch nur direkt an den Empfänger oder den Empfangsberechtigten ausgehändigt.

1. Was läuft oder rennt hinter dem Postboten her?

   Ein Hund.

2. Wie breit und wie hoch soll der Einwurfschlitz im Briefkasten sein?

   Mindestens 32,5 cm breit und 3-3,5 cm hoch.

3. Was soll ganz klar auf dem Briefkasten stehen?

   Der Name des Postempfängers.

4. Wo soll man einen Briefkasten festmachen?

   Außerhalb der Gebäude oder an der Gartenpforte.

5. Wie hoch soll der Einwurfschlitz vom Boden sein?

   Mindestens 50 cm über dem Boden, aber nicht höher als 180 cm.

6. Wie bekommen die Leute Einschreiben?

   Der Postbote gibt sie dem Empfänger.

16 *Schreibe eine E-Mail an deinen Freund oder deine Freundin!* **Your letter should include any or all of the following details. You have saved some money to visit your friend and are writing him or her that you would like to visit. You're trying to find out when the best time would be for you to stay a week or so. You provide some travel details and suggestions about when you would prefer to come. Furthermore, you tell your friend that he or she might want to stay with you in the future.**

   Sentences will vary.

   _____

   _____

   _____

   _____

   _____

   _____

   _____

_____

_____

_____

_____

_____

_____

_____

_____

_____

_____

_____

17 Vervollständige die folgenden Ausdrücke mit sinnvollen Wörtern!

Sample answers:

1. eine Briefmarke auf den Umschlag _____kleben_____

2. im Internet _____surfen_____

3. eine SMS _____senden_____

4. den Brief in den Briefkasten _____einwerfen_____

5. sich am Telefon _____unterhalten_____

6. keine persönlichen Daten _____geben_____

7. sich auf den Stuhl _____setzen_____

8. ein Interview im Studio _____aufnehmen_____

9. wichtige Information _____bekommen_____

10. einen Aufsatz _____schreiben_____

11. etwas in Schwarz und nicht in Farbe _____drucken_____

12. vorsichtig _____sein_____

KAPITEL 10

Lektion A

1 **Welche Person passt am besten?**

Zahnärztin   Musiker   Fotografin   Polizist   Lehrerin   Fleischer
Fürst   Flugbegleiter   Pilot   Friseuse   Verkäuferin
Informatikerin   Schauspielerin   Jugendliche

1. Der _____Fürst_____ wohnt in einem Schloss.

2. Die _____Friseuse_____ kämmt mir die Haare sehr gut.

3. Veronika studiert Informatik auf der Universität. Sie will später einmal _____Informatikerin_____ werden.

4. Für _____Jugendliche_____ ist dieser Film preiswerter als für Erwachsene.

5. Der _____Pilot_____ fliegt schon seit zwanzig Jahren. Seit einem Jahr fliegt er einen Jumbo-Jet zwischen Amerika und Europa.

6. Annes Zähne tun ihr weh. Deshalb geht sie zu einer _____Zahnärztin_____.

7. Sie arbeitet in der Damenabteilung in einem Kaufhaus. Sie ist eine _____Verkäuferin_____.

8. Der _____Polizist_____ passt an der Ecke auf, dass der starke Verkehr besser läuft. Er sagt auch manchen Leuten, dass sie an bestimmten Stellen nicht parken dürfen.

9. Sie spielt in vielen Filmen. Sie ist eine bekannte _____Schauspielerin_____.

10. Der _____Flugbegleiter_____ bedient die Fluggäste und sagt ihnen auch, wann sie mit dem Flugzeug ankommen werden.

11. Beim _____Fleischer_____ kann man Wurst kaufen.

12. Frau Meier arbeitet in einem Gymnasium. Sie ist _____Lehrerin_____.

13. Er gibt viele Konzerte. Er ist _____Musiker_____.

14. Sie macht viele Familienfotos. Ihr Beruf ist _____Fotografin_____.

2 Anzeigen. In den Anzeigen beschreiben Leute, wofür sie qualifiziert sind und was für Arbeiten sie suchen. Welche Person passt zu welcher Beschreibung? (*Tipp:* Schlosser *plumber;* Handwerker *craftsman;* Wirtschafterin *housekeeper*) Diese Person...

(1)
Junger Mann mit Herz für Tiere und Abitur sucht Arbeit in Tierheim oder -pension, ortsungebunden. 0178-866 23 76

(6)

Junger Mann
30 J., gelernter Schlosser, mehrj. Erfahrung in der Gastronomie, Erfahrung als **Fachverkäufer im Einzelhandel** und in der **Massage** sucht neuen Wirkungskreis. 0177-939 85 81

(2)
Arzthelferin ist an Urlaubs- und Krankheitsvertretung für Samstagssprechstunde interessiert, #16-7071, Morgenpost, 10445 Berlin

(7)

Architekt, Innenarchitekt und Stadtplaner, 33 J., 6 Jahre Berufserfahrung als Innenarchitekt LP 1–9, sehr anspruchsvolle Planungen, fundierte EDV-Kenntnisse, flexibel, kreativ, engagiert, sucht Tätigkeit im Raum Berlin.
Tel.: 0173/321 58 32

(3)
Sekretärin
45 J., 25 Jahre Berufspraxis als Empfangs-, Abteilungs- und Chefsekretärin, versiert in Word, Excel, PowerPoint, Access, Outlook, Phonodiktat, zuverlässig, flexibel, offen gegenüber Neuem, sucht unbefristete Vollzeitaufgabe in Berlin-Mitte bis Süd/Ost. #16-7105 Morgenpost, 10445 Berlin

(8)

Gelernter Verkäufer (21 J.) mit gutem Abschluss sucht Vollzeitjob im Einzelhandel. Bei Interesse: Tel. 0178-322 22 73

(4)

Deutsche Frau, 59, sucht Job für Haushalt, Pflege u. Einkaufen, 34 35 66 87

(9)
Polnischer Handwerker sucht Teilzeitjob rund ums Haus. 0170-808 13 48

(5)

Fremdsprachensekretärin Englisch, 38 J., sucht neuen Wirkungskreis. #16-7272, Morgenpost, 10445 Berlin

(10)

Junge Wirtschafterin
m. Erf., su. Teilzeitstelle zum Kochen, i. Privathaushalt, gern auch mit Kindern. 775 54 49

__I__	1.	Junger Mann
__D__	2.	Arzthelferin
__J__	3.	Sekretärin
__A__	4.	Deutsche Frau
__G__	5.	Fremdsprachensekretärin
__B__	6.	Schlosser
__C__	7.	Architekt
__H__	8.	Verkäufer
__F__	9.	Handwerker
__E__	10.	Wirtschafterin

A. arbeitet gern im Haus und geht auch gern einkaufen

B. ist 30 Jahre alt

C. ist schon seit sechs Jahren in seinem Beruf erfahren

D. möchte am Sonnabend arbeiten

E. interessiert sich für kochen aber will nicht jeden Tag arbeiten

F. kommt aus einem Nachbarland Deutschlands

G. spricht außer deutsch auch englisch

H. ist die jüngste Person in den Anzeigen und will den ganzen Tag arbeiten

I. hat das Abitur gemacht und möchte mit Tieren arbeiten

J. hat schon 25 Jahre im Beruf gearbeitet

3 Ergänze die folgenden Sätze mit sinnvollen Wörtern!

Sample answers:

1. Ayse hat seit einem halben Jahr __eine Zahnspange__ .

2. Heute wird der Zahnarzt __die Zahnspange herausnehmen__ .

3. Vor einer Woche hatte __sich Ayse bei einer Firma beworben__ .

4. Sie ist jetzt Azubi __in einem Computergeschäft__ .

5. Sie wird sich am nächsten Tag __im Kaufhaus vorstellen__ .

6. Heutzutage macht man alles Schriftliche __mit dem Computer__ .

7. Ayse hat schon viel als Azubi __über Informatik gelernt__ .

8. Sie soll nächsten Monat __zum Zahnarzt zurückkommen__ .

9. Der Zahnarzt will sich dann __die Zähne noch einmal ansehen__ .

10. Er wünscht Ayse __viel Glück und Erfolg beim Vorstellen__ .

4 *Erzähle das noch einmal!* **The following paragraph is written in the simple past tense. Change the sentences to the past perfect tense.**

Letztes Jahr war ich mit meinen Eltern in Bayern. Dort wanderten wir fast jeden Tag. Wir hatten viel Zeit. Am Abend trafen wir uns mit den anderen Gästen. Meine Eltern spielten oft mit ihnen Karten. Ich ging manchmal zur Disko. Dort tanzten viele Jugendliche. Das machte viel Spaß. Am Samstag kamen wir wieder zurück. Gestern schrieb ich meinem Freund. Ich erzählte ihm von meinen schönen Ferien. Ich lud ihn für nächstes Jahr ein.

Letztes Jahr war ich mit meinen Eltern in Bayern gewesen. Dort waren wir
fast jeden Tag gewandert. Wir hatten viel Zeit gehabt. Am Abend hatten
wir uns mit den anderen Gästen getroffen. Meine Eltern hatten oft mit
ihnen Karten gespielt. Ich war manchmal zur Disko gegangen. Dort hatten
viele Jugendliche getanzt. Das hatte viel Spaß gemacht. Am Samstag waren
wir wieder zurückgekommen. Gestern hatte ich meinem Freund
geschrieben. Ich hatte ihm von meinen schönen Ferien erzählt. Ich hatte
ihn für nächstes Jahr eingeladen.

5 *Bilde ganze Sätze!* **Use the past perfect tense.**

1. Wir fahren mit dem Boot auf dem Wasser.

   <u>Wir waren mit dem Boot auf dem Wasser gefahren.</u>

2. Habt ihr nichts vor?

   <u>Hattet ihr nichts vorgehabt?</u>

3. Sie trinken eine Cola.

   <u>Sie hatten eine Cola getrunken.</u>

4. Die Touristen steigen in den Bus ein.

   <u>Die Touristen waren in den Bus eingestiegen.</u>

5. Das glaube ich nicht.

   <u>Das hatte ich nicht geglaubt.</u>

6. Bist du krank?

   <u>Warst du krank gewesen?</u>

7. Viele Leute kommen hierher.

   <u>Viele Leute waren hierher gekommen.</u>

8. Die Mädchen schwimmen im Fluss.

   <u>Die Mädchen waren im Fluss geschwommen.</u>

6 Beantworte die Fragen, von denen du in „Aktuelles" gelesen hast!

Katharina

1. Was möchte Katharina nach dem Abitur am liebsten studieren?

   Sie möchte am liebsten Architektur studieren.

2. Wofür hat sie vielleicht nicht genug Geld?

   Sie hat für eine Reise nach Amerika vielleicht nicht genug Geld.

3. Wovor hat sie etwas Angst?

   Sie hat etwas Angst, dass ihren Eltern, ihrer Schwester und ihren Freunden

   etwas passiert.

Ingo

4. Wie gefällt es Ingo in Landshut?

   Es gefällt ihm dort sehr gut.

5. Was macht er in seiner Freizeit?

   Er spielt viel Tischtennis.

6. Was ist für Ingo jetzt wichtig?

   Es ist wichtig, dass er weiß, was er will.

Gudrun

7. Möchte Gudrun lieber in einer Kleinstadt oder in einer Großstadt wohnen?

   Sie möchte lieber in einer Großstadt wohnen.

8. Warum spricht sie mit ihrem Freund noch nicht vom Heiraten?

   Er muss noch ein paar Jahre studieren.

9. Wohin fährt sie fast jedes Wochenende? Warum?

   Sie fährt gern zur Ostsee. Dort haben ihre Eltern ein Segelboot.

Achim

10. In welchem Land hat es Achim sehr gefallen?

   Es hat ihm in Italien sehr gefallen.

11. Was macht er neben der Schule?

   Er ist Kellner in einem kleinen Restaurant.

12. Was will er machen, bevor er heiratet?

   Er will zuerst die Welt kennen lernen.

7 *Deine Zukunftspläne.* **Schreib einen Aufsatz darüber, was du dir von der Zukunft vorstellst. Dein Aufsatz sollte diese Fragen beantworten: Was willst du später einmal werden? Was musst du alles machen, um diesen Beruf zu bekommen? Wie lange wird es dauern (Ausbildung, Studium, usw.)? Hast du Familienpläne? Sei mit deiner Beschreibung so kreativ wie möglich!**

   Sentences will vary.

   _____

   _____

   _____

   _____

   _____

   _____

   _____

   _____

   _____

   _____

   _____

   _____

   _____

   _____

8 *Weißt du, was man beschreibt?* Die Anzeigen sind aus dem „Thüringer Marktführer", in dem Firmen in der Gegend von Eisenach und Bad Salzungen Reklame machen. Lies die folgende Beschreibung und identifiziere dann (1) die Firma und den Besitzer oder Manager (wenn sie bekannt sind), (2) den Ort und (3) die Telefonnummer!

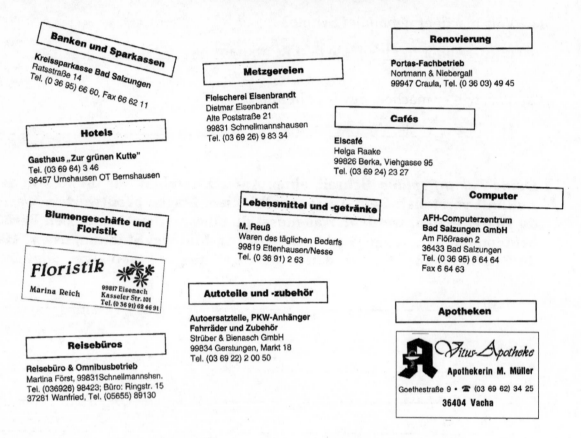

Banken und Sparkassen
Kreissparkasse Bad Salzungen
Ratsstraße 14
Tel. (0 36 95) 66 60, Fax 66 62 11

Hotels
Gasthaus „Zur grünen Kutte"
Tel. (03 69 64) 3 46
36457 Urnshausen OT Bernshausen

Blumengeschäfte und Floristik
Floristik
Marina Reich
99817 Eisenach
Kasseler Str. 101
Tel. (0 36 91) 62 46 91

Reisebüros
Reisebüro & Omnibusbetrieb
Martina Först, 99831 Schnellmannshsn.
Tel. (036926) 98423; Büro: Ringstr. 15
37281 Wanfried, Tel. (05655) 89130

Metzgereien
Fleischerei Eisenbrandt
Dietmar Eisenbrandt
Alte Poststraße 21
99831 Schnellmannshausen
Tel. (03 69 26) 9 83 34

Lebensmittel und -getränke
M. Reuß
Waren des täglichen Bedarfs
99819 Ettenhausen/Nesse
Tel. (0 36 91) 2 63

Autoteile und -zubehör
Autoersatzteile, PKW-Anhänger
Fahrräder und Zubehör
Strüber & Bienasch GmbH
99834 Gerstungen, Markt 18
Tel. (03 69 22) 2 00 50

Renovierung
Portas-Fachbetrieb
Nortmann & Niebergall
99947 Craula, Tel. (0 36 03) 49 45

Cafés
Elscafé
Helga Raake
99826 Berka, Viehgasse 95
Tel. (03 69 24) 23 27

Computer
AFH-Computerzentrum
Bad Salzungen GmbH
Am Flößrasen 2
36433 Bad Salzungen
Tel. (0 36 95) 6 64 64
Fax 6 64 63

Apotheken
Vitus-Apotheke
Apothekerin M. Müller
Goethestraße 9 • ☎ (03 69 62) 34 25
36404 Vacha

Beispiel: Doktor Aronis Patienten bringen seine Rezepte dorthin.
Vitus-Apotheke (Apothekerin M. Müller), Vacha, (03 69 62) 34 25

1. Heute Abend haben Krügers Gäste. Frau Krüger macht vorher eine Einkaufsliste und geht dann zu diesem Geschäft, um alles fürs Abendessen zu kaufen.

   <u>Waren des täglichen Bedarfs (M. Reuß), Ettenhausen/Nesse, (0 36 91) 2 63</u>

   _____

2. Herr und Frau Blücher haben vor, im Sommer einen ganzen Monat im Osten der USA herumzufahren und so viel zu sehen wie nur möglich. Beide gehen heute direkt zum Büro, um genauere Information zu bekommen.

   <u>Reisebüro & Omnibusbetrieb (Martina Först), Wanfried, (05655) 89130</u>

   _____

3. Manfreds Fahrrad ist kaputt. Er bringt es in dieses Geschäft zur Reparatur.

   Autoersatzteile, PKW-Anhänger, Fahrräder und Zubehör (Strüber &

   Bienasch GmbH), Gerstungen, (03 69 22) 2 00 50

4. Rainer schlägt seiner Freundin Vanessa vor, heute Nachmittag dorthin zu gehen und Eis mit Schlagsahne zu essen.

   Eiscafé (Helga Raake), Berka, (03 69 24) 23 27

5. In der Zeitung steht heute, dass es da viele frische Wurstsorten gibt und die Preise auch sehr gut sind.

   Fleischerei Eisenbrandt (Dietmar Eisenbrandt), Schnellmannshausen

   (03 69 26) 9 83 34

6. Für ihre Reise nach Italien brauchen Baumanns Reiseschecks. Deshalb gehen sie dorthin.

   Kreissparkasse Bad Salzungen, Bad Salzungen, (0 36 95) 66 60

7. Kurt studiert Informatik. Zu Hause hat er einen alten Computer. Er will jetzt einen neuen kaufen. Deshalb ruft er diese Firma an.

   AFH-Computerzentrum Bad Salzungen GmbH, Bad Salzungen,

   (0 36 95) 6 64 64

8. Familie Wunderlich will da übernachten. Sie rufen dort an, um weitere Information zu erhalten.

   Gasthaus „Zur grünen Kutte", Urnshausen OT Bernshausen, (03 69 64) 3 46

9. Kästners haben ein sehr altes Haus gekauft. Jetzt müssen sie aber viel renovieren. Deshalb gehen sie zu dieser Firma.

   Portas-Fachbetrieb (Nortmann & Niebergall), Craula, (0 36 03) 49 45

KAPITEL 10

Lektion B

9 *Es geht dir nicht gut.* **Du fühlst dich krank und musst zum Arzt. Vervollständige diesen Dialog!**

Sample answers:

Arzt: Was fehlt dir denn?

Du: <u>Ich weiß nicht. Ich habe hohes Fieber.</u>

Arzt: Hohes Fieber? Seit wann dann?

Du: <u>Seit ein paar Tagen.</u>

Arzt: Warum hast du mich nicht früher angerufen?

Du: <u>Ich dachte, es war nichts Besonderes.</u>

Arzt: Und wie fühlst du dich?

Du: <u>Nicht gut. Ich habe auch Kopfschmerzen.</u>

Arzt: Kopfschmerzen hast du auch?

Du: <u>Muss ich zu Hause bleiben?</u>

Arzt: Ja, zur Schule kannst du jetzt nicht.

Du: <u>Wie lange soll ich denn zu Hause bleiben?</u>

Arzt: Vielleicht drei oder vier Tage.

Du: <u>Auf Wiedersehen!</u>

Arzt: Moment mal! Hier ist noch ein Medikament. Du musst es am Morgen und am Abend, also zweimal am Tag, nehmen.

Du: <u>Danke schön.</u>

10 *Kannst du die fehlenden Wörter raten?* **Die Anfangsbuchstaben (von oben nach unten gelesen) ergeben eine Person, von der du gelesen hast. Schreib alle Wörter mit großen Buchstaben!**

1. Die _____**AUSWAHL**_____ an Brillen ist beim Optiker sehr groß.

2. Ralf _____**UND**_____ seine Mutter haben über Ralfs Kopfschmerzen gesprochen.

3. Der Optiker ist _____**GANZ**_____ in der Nähe vom Augenarzt.

4. Ralf kann nicht gleich klar sehen, denn der Augenarzt hat noch nichts _____**EINGESTELLT**_____ .

5. _____**NACH**_____ ein paar Tagen sind Ralfs Kopfschmerzen weg.

6. Ralfs _____**ARZT**_____ schlägt ihm vor, dass er zu einem Augenarzt gehen soll.

7. _____**RALF**_____ hat schon ein paar Wochen Kopfschmerzen.

8. Er kann oft nicht alles in der _____**ZEITUNG**_____ lesen.

9. Ralf muss jetzt immer eine Brille _____**TRAGEN**_____ .

11 *In der Stadt Penzberg ist für alles gesorgt.* **Wie in allen deutschen Städten und Orten, gibt es auch in der Stadt Penzberg medizinische Hilfe für die Einwohner der Stadt. Nenne die Ärzte oder medizinischen Institute, wohin die Leute mit ihren Problemen gehen können!**

ZAHNÄRZTE

Dr. Badmann Georg und Dr. Johanna	Karlstraße 33	3802
Dr. Buchner Angelika	Bahnhofstraße 8	2030
Dr. Fischer Josef	Karlstraße 20	5272

TIERÄRZTE

Dr. Gloger-Höck Susanne/Dr. Lechner Petra	Grube 21	6279
Dr. Jobsky Edwin und Dr. Brigitte/Dr. Lehmer Johann	Am Isabellenschacht 14	3300
Marszalek Jan	Falkenstraße 1	91960

APOTHEKEN

Bahnhofsapotheke	Bahnhofstraße 21	2644
Karlapotheke	Karlstraße 12 a	1400
Kreuzapotheke	Karlstraße 33	2197
Stadtapotheke	Bahnhhofstraße 34	7020

ALLGEMEINMEDIZIN

Name	Anschrift	Telefon
Dr. Barfüßer Susanne (prakt. Ärztin)/Pschorr Walter (Arzt)	Karlstraße 7	3063
Dr. Geibel Jochen	Fischhaberstraße 1	1779
Dr. Jappe Diethard	Sigmundstraße 9 a	2617
Kirner Johann	Bahnhofstraße 21	5802

AUGENHEILKUNDE

Lenthe Hilde-Rose	Karlstraße 28	9435
Dr. Pohle Günther	Bahnhofstraße 21	2794

HALS-, NASEN- UND OHRENHEILKUNDE

Dr. Rechenauer Günter/Dr. Hack Ulrich	Karlstraße 28	1322
Dr. Riemerschmid Hartmut/Dr. Reißner Wilhelm	Karlstraße 12	3166

KINDERKRANKHEITEN

Dr. Schröder Claus-Peter	Grube 39	2029

HÖRGERÄTEAKUSTIKER

Seifert GmbH	Bahnhofstraße 15	61606

MASSAGEN UND MED. BÄDER

Cöllen Michael	Bahnhofstraße 9	3444
Dr. Eissele Karl	Karlstraße 26	2590
Hofer Helga	Karlstraße 12 a	2008
Hofmuth Rudolf	Bahnhofstraße 8	91992

OPTIKER

Barnikel Georg	Bahnhofstraße 16	91931
Bastian Willibald	Bahnhofstraße 28	7245
Millan Helmuth	Bahnhofstraße 40	4214

Beispiel: Dieters Mutter weiß nicht was mit ihrem Sohn los ist. Sie ruft ihren Arzt in der Fischhaberstraße an.
Dr. Jochen Geibel

1. Frau Kowalski kann auf einem Ohr nicht gut hören. Sie ruft diese Firma in der Bahnhofstraße an.

   Seifert GmbH _____

2. Katarina hat Schulterschmerzen. Doktor Stocker sagt ihr, dass sie mindestens drei Massagen braucht. Sie soll die Nummer 2008 anrufen, um einen Termin auszumachen.

   Helga Hofer _____

3. Joachim ist gerade vom Arzt gekommen. Der Arzt hat ihm ein Medikament verschrieben. Die soll er in einem Laden in der Karlsstraße 33 abholen.

   Kreuzapotheke _____

4. Katja hat Zahnschmerzen. Ihre Mutter schlägt ihr vor, dass sie sofort zur Bahnhofstraße 8 gehen soll.

   Dr. Angelika Buchner _____

5. Rolands Katze fühlt sich nicht wohl. Er weiß nicht, was mit ihr los ist. Deshalb ruft er die Nummer 91960 an.

   Jan Marszalek _____

6. Herr Probst kann seit Wochen nicht mehr gut sehen. Da es nicht besser wird, ruft er diesen Arzt an.

   Dr. Günther Pohle _____

7. Frau Kuhnerts kleiner Junge — er ist erst zwei Jahre alt — will seit gestern nicht mehr essen. Deshalb geht sie mit ihrem Sohn heute dorthin.

   Dr. Claus-Peter Schröder _____

8. Wieland braucht eine neue Brille. Seine alte ist kaputt und ohne Brille kann er nicht lesen. Eine neue Brille soll 200 Euro kosten. Er ruft das Geschäft (Telefonnummer 7245) an, um sicher zu sein, dass es noch geöffnet ist.

   Willibald Bastian _____

9. Angelikas Ohr tut ihr weh. Außerdem hat sie auch Halsschmerzen. Sie wohnt in der Karlstraße 10. Zum Glück haben zwei Ohrenärzte ihre Praxis im nächsten Haus, in derselben Straße.

   Dr. Hartmut Riemerschmid und Dr. Wilhelm Reißner _____

12 **Welche Wörter braucht man hier: *dort* oder *dorthin*?**

1. Setz den Teller bitte _____dorthin_____!

2. Unsere Gäste warten schon lange _____dort_____.

3. _____Dort_____ kommt ja der Jürgen.

4. Wann seid ihr _____dorthin_____ gefahren?

5. Warum stellst du immer dein Fahrrad _____dorthin_____?

6. Frau Brugger arbeitet schon lange _____dort_____.

13 ***Was fehlt hier?* Vervollständige die Ausdrücke mit Verben von der Liste!**

> verletzen verschreiben geben runtergehen rehabilitieren warten nachsehen melden auftauchen überstehen

Sample answers:

1. zur Rezeption _____runtergehen_____

2. einen Unfall gut _____überstehen_____

3. das Bein schwer _____verletzen_____

4. ein paar Tabletten _____verschreiben_____

5. sich bei der Sekretärin _____melden_____

6. auf einem Kalender die Termine _____nachsehen_____

7. einer Person Information _____geben_____

8. nicht wissen, welche Probleme _____auftauchen_____

9. das Bein so gut wie möglich _____rehabilitieren_____

10. auf eine Person _____warten_____

14 Beantworte diese Fragen!

Sample answers:

1. Warum musst du zum Arzt gehen?

   <u>Ich fühle mich nicht wohl.</u>

2. Was soll man tun, wenn man Kopfschmerzen hat?

   <u>Man soll Tabletten nehmen.</u>

3. Was soll man tun, wenn man Fieber hat?

   <u>Man soll im Bett bleiben.</u>

4. Gibt es in deiner Schule einen Krankenpfleger oder eine Krankenschwester? Wie heißt er oder sie?

   <u>Answers will vary.</u>

5. Wie heißt dein Arzt (deine Ärztin)? Wo hat er (sie) seine (ihre) Praxis?

   <u>Answers will vary.</u>

6. Gibt es in deiner Nähe ein Krankenhaus? Wo ist es?

   <u>Answers will vary.</u>

15 *Ein Traumberuf.* **Lies den folgenden Artikel! Du wirst nicht alle Wörter verstehen. Trotzdem solltest du die allgemeine Beschreibung lesen können. Beantworte dann die Fragen! Hier sind einige Vokabeln, die du in deinen Antworten gebrauchen kannst:** *der Traum* **dream;** *verdienen* **to earn money;** *der Vorteil* **advantage;** *die Ausbildung* **apprenticeship, training;** *die körperliche Belastung* **physical stress;** *sich erholen* **to recuperate.**

Inge trägt ein buntes Sweatshirt und enge Jeans. Sie könnte Abiturientin oder Studentin sein. Nichts deutet darauf hin, dass sie einen „Traumberuf" hat: Inge ist seit zwei Jahren Flugbegleiterin. Das war nie ihr Traum gewesen wie bei vielen ihrer Kolleginnen. Sie hatte gehört, „dass die ganz gut verdienen", und es dann einfach versucht.

Der Andrang ist groß. Rund tausend Bewerbungen gehen im Monat bei der Lufthansa ein, und die Einstellungstests sind sehr schwer. Voraussetzung ist die mittlere Reife. Auch ist es von Vorteil, wenn man eine abgeschlossene Berufsausbildung als Kellnerin oder Verkäuferin hat.

Die Ausbildung für Flugbegleiter und Flugbegleiterinnen dauert sieben Wochen. Während dieser Zeit lernen sie, Fluggäste zu bedienen und zu betreuen, und nehmen an einem Sicherheitstraining teil.

Als Anfänger werden sie vor allem auf Inlandsflügen eingesetzt; erst dann geht es in die weite Welt, auf wechselnde Routen und mit wechselnder Besatzung. Eine Stunde vor Abflug trifft sich die ganze Besatzung zur Besprechung über Sicherheit, Flugverlauf, Anzahl der Passagiere. Die Kollegen sprechen untereinander ab, wer welche Aufgaben übernimmt.

Die Flüge dauern oft viele Stunden, die körperliche Belastung in diesem Beruf ist groß, und die meisten leiden unter Schlafstörungen. Von ihrer anstrengenden Arbeit können sie sich nur richtig erholen und ausschlafen, wenn sie zwei bis drei Tage zusammenhängend in Europa frei haben und nach Hause reisen. Im Ausland verbringen sie die Wartetage zwischen den Flügen meist im Hotel. Außerhalb Europas ist es für die Flugbegleiterin oft nicht möglich, als Frau allein etwas zu unternehmen. Während Männer schon einmal ein Auto mieten und eine Fahrt durchs Land machen, sind die Frauen darauf angewiesen, dass jemand von der Besatzung sie zu einem Ausflug, einem Einkaufsbummel oder einem Diskothekenbesuch begleitet. Wenn niemand mitkommt, dann werden die Wartetage lang.

1. Wie lange ist Inge schon Flugbegleiterin?

   Seit zwei Jahren.

2. Wollte sie schon immer Flugbegleiterin werden?

   Nein, das war nie ihr Traum.

3. Warum hat sie diesen Job genommen?

   Sie hat gehört, dass die Flugbegleiterinnen ganz gut verdienen.

4. Ist es leicht, bei der Lufthansa einen Job zu bekommen?

   Nein, es ist nicht leicht.

5. Wann hat man einen Vorteil, einen Job zu bekommen?

   Man hat einen Vorteil, wenn man Kellnerin oder Verkäuferin gewesen ist.

6. Wie lange dauert die Ausbildung?

   Die Ausbildung dauert sieben Wochen.

7. Fliegen die Flugbegleiterinnen nach ihrer Ausbildung sofort in andere Länder?

   Nein, sie fliegen nur im Inland (in Deutschland).

8. Wie ist die körperliche Belastung bei internationalen Flügen?

   Sie ist groß.

9. Wie viele Tage lang sollen sie sich in Europa erholen, bevor sie beim nächsten Flug mitmachen?

   Sie sollen sich zwei bis drei Tage erholen.

10. Was ist für Frauen im Ausland oft nicht möglich?

    Sie können oft nichts allein unternehmen.

16 *Dort hilft man ihnen?* **Wie in vielen anderen deutschen Städten, gibt es auch in der Stadt Lauenburg an der Elbe viele Möglichkeiten, bei Krankheiten medizinische Hilfe zu bekommen. Sieh dir die Liste an und beantworte dann die Fragen!**

✚ GESUNDHEITSWESEN

Fachrichtung	Name	21481 Lauenburg/Elbe	Tel. 0 41 53 /
Apotheken	Löwen-Apotheke	Berliner Straße 2	20 88
	Nautilus-Apotheke	Am Schüsselteich 11	5 89 90
	Schloß-Apotheke	Weingarten 8	5 84 00
	Stadt-Apotheke	Hamburger Straße 28	5 21 21
Augenarzt	August M. L. Rümke	Alte Wache 6	5 10 31
Frauenarzt	Dr. med. Andreas Margies	Weingarten 25	49 15
Hals-, Nasen-, Ohrenarzt	Dr. med Robert Töwe	Am Schüsselteich 15	52 01 50
Heilpraktiker	Klaus John	Alte Wache 15	5 38 28
Innere Medizin	Dr. Ilka Töwe	Blumenstraße 2	33 11
	Dipl.-Med. Bernd Weber & Dr. Petra Weber	Weingarten 5	8 11 11
Johanniter Krankenhaus	Internistische Abteilung	Bergstraße 1a	5 90 30
Kinderarzt	Ekkehard Baumgraß	Weingarten 3	8 11 62
Massagepraxen	Michael Slawe	Raiffeisenweg 1 a	41 17
	Johannes Meyer	Am Schüsselteich 4	28 23
	Sandra Nobel-Hartung	Rosenstraße 5	45 96
Praktische Ärzte	Dr. med. Dimitri Daniel	Weingarten 19	21 95
	Dr. med. Margrit Gölling	Raiffeisenweg 6	34 11
	Dr. med. Mohamed Gomaa	Weingarten 19	21 95
	Dr. med. Nader Tawakol-Khodai	Raiffeisenweg 6	34 11
	Dr. Reinhard Treptow	Schmiedeweg 6	5 86 60
	Dr. S. und H. Zenouzi	Am Schüsselteich 20	5 10 21
	Ulf Singelmann	Am Schüsselteich 30	5 10 10
Tierärzte	Dr. Conrad u. Dr. Otto Kasten	Am Hasenberg 17	35 55
	Dr. Ernst-Heinrich Harms & Dr. Bernd Tormann	Gorch-Fock-Straße 53	29 51
Zahnärzte	Andreas Krohn	Hamburger Straße 1	26 33
	Andrea Widow-Heintzelmann	Albinusstraße 26	5 34 34
	Dr. Joachim Ehlers	Alte Wache 3	32 72
	Dr. med. dent. Kay Christensen	Am Schüsselteich 9	29 90
	G. Wessel	Hamburger Straße 1	45 11
	Heiko Mierendorff	Alte Wache 7	25 35
	Jörg Roloff	Am Schüsselteich 30	5 43 75

1. Herr Prühl hat Augenschmerzen. Zu welchem Augenarzt geht er?

   Er geht zu Dr. Rümke.

2. Dieters Hund ist krank. Er wohnt in der Gorch-Fock-Straße. Zu welchen beiden Tierärzten kann er seinen Hund bringen?

   Er kann ihn zu Dr. Harms oder Dr. Tormann bringen.

3. Gabriele hat Ohrenschmerzen. Zu welchem Arzt geht sie?

   Sie geht zu Dr. Töwe.

4. In welcher Straße gibt es eine Apotheke und zwei Zahnärzte?

   Es gibt sie in der Hamburger Straße.

5. Frau Tietzes kleiner Junge ist sehr krank. Welchen Arzt ruft sie vielleicht zuerst an?

   Sie ruft vielleicht Dr. Baumgraß an.

6. Herr Schmidt wohnt nicht weit von der Berliner Straße entfernt. In welcher Apotheke bekommt er seine Medizin?

   Er bekommt sie in der Löwen-Apotheke.

7. Ein Zahnarzt hat seine Praxis Am Schüsselteich 30. Wer ist das und welche Telefonnummer hat er?

   Es ist Jörg Roloff. Seine Telefonnummer ist 5 43 75.

8. In der Stadt ist ein Unfall pasiert. In welche Straße fährt der Unfallwagen die verletzten Leute? Warum dorthin?

   Er fährt sie in die Bergstraße. Dort ist das Krankenhaus.

17 *Ich suche einen Job.* **Du hast nächste Woche ein Interview bei einer Firma. Stell acht Fragen, für die du Antworten während des Interviews haben möchtest!**

Sentences will vary.

_____

_____

_____

_____

_____

_____

_____

_____

_____

_____

_____

_____

_____

_____

_____

_____

_____

_____

_____

_____

_____

_____

18 *Was weißt du?* **Nenne die Wörter, die man beschreibt! Die Anfangsbuchstaben von oben nach unten gelesen, sagen dir, was Ralf in diesem Kapitel hatte.**

1. Doktor Böhme arbeitet in einem _____Krankenhaus_____ .

2. Ein _____Optiker_____ verkauft Brillen.

3. Doktor Böhme sieht jeden Tag viele _____Patienten_____ .

4. Tina hat eine hohe Temperatur. Sie hat _____Fieber_____ .

5. Doktor Böhmes _____Sekretärin_____ sieht nach, wann die verschiedenen Termine sind.

6. Auf einem _____Campingplatz_____ stehen viele Zelte.

7. Dieter hat starke _____Halsschmerzen_____ . Der Arzt sagt, er soll seinen Mund aufmachen, damit er ihn sich ansehen kann.

8. In einer Apotheke kann man _____Medizin_____ bekommen.

9. Wenn das Licht *(light)* nicht funktioniert, dann ruft man vielleicht einen _____Elektriker_____ an.

10. Bevor seine Patienten mit Doktor Böhme sprechen können, müssen sie sich zuerst bei der _____Rezeption_____ melden.

11. Der Zahnarzt nimmt Ayses _____Zahnspange_____ heraus.

12. Der Zahnarzt wünscht Ayse viel Glück und _____Erfolg_____ beim Vorstellen.

13. Der Optiker ist ganz in der _____Nähe_____ von Ralfs Augenarzt.

19 Kreuzworträtsel (*Tipp:* Ä = AE; Ü = UE)

	¹F				²V	E	R	L	E	T	³Z	T
	⁴L	E	S	E	N						U	
	I			⁵S							E	
⁶G	E	F	⁷A	L	L	E	N		⁸W	I	R	D
G			Z		G				O		S	
E		⁹U	N	T	E	R	¹⁰S	U	C	H	T	
N		B			L		I		H			
		I			¹¹B	I	E	T	E	N		
	¹²F				O		H					
	U		¹³O	P	T	I	K	¹⁴E	R			
¹⁵S	P	I	E	L	T			R		¹⁶L		
¹⁷T			H					K		A		
E	¹⁸K	E	L	L	N	E	R	A		N		
R			S					E		D		
¹⁹M	O	N	A	T			²⁰A	L	L	E	S	
I							T			H		
N	²¹Z	A	H	N	S	²²P	A	N	G	E	U	
E					B				²³T	U	T	

Name _____ Datum _____

WAAGERECHT

2. Ivana hat ihr Bein bei einem Unfall ___.

4. Beim ___ kann Ralf nicht alles sehen.

6. Achim hat es in Italien sehr ___.

8. Der Zahnarzt ___ heute Ayses Zahnspange herausnehmen.

9. Doktor Böhme ___ Ivanas Bein.

11. Im Kaufhaus ___ sie oft Jobs an.

13. Der ___ hat ein große Auswahl an Brillen.

15. Ingo ___ in seiner Freizeit Tischtennis.

18. Achim ist ___ in einem kleinen Restaurant.

19. Ayse soll im nächsten ___ zum Zahnarzt zurückkommen.

20. Heutzutage macht man ___ Schriftliche mit dem Computer.

21. Ayse hat seit einem halben Jahr eine ___.

23. Mein Bein ___ mir weh.

SENKRECHT

1. Nach dem Abitur möchte Katharina am liebsten in die USA ___.

3. Die Patienten müssen sich ___ bei der Rezeption melden.

5. Gudruns Eltern haben in der Ostsee ein ___.

7. Ayse ist ___ in einem Computergeschäft.

8. Ivana soll nächste ___ wieder zu Doktor Böhme zurückkommen.

10. Doktor Böhme ___ jeden Tag viele Patienten.

12. ___ du dich nicht wohl?

14. Ich habe mich ___.

16. Ingo gefällt es in ___ sehr gut.

17. Doktor Böhmes Sekretärin sieht nach, wann die verschiedenen ___ sind.

22. ___ und zu ist Ayse beim Zahnarzt gewesen.

KAPITEL 11

Lektion A

1 *Teile des Autos.* **Schreib zusammengesetzte Hauptwörter (compound nouns)! Du findest die passenden Wörter in der Liste. Dann schreib einen Satz mit jedem neuen Hauptwort.**

Gurt	Raum	Rad	Werfer	Schild	Scheibe

Sample answers:

1. Koffer: der Kofferraum — Im Kofferraum ist das ganze Gepäck.

2. Windschutz: die Windschutzscheibe — Man muss die Windschutzscheibe beim Fahren immer sauber halten.

3. Nummer: das Nummernschild — Auf dem Nummernschild steht, aus welcher Stadt der Fahrer kommt.

4. Sicherheit: der Sicherheitsgurt — Man muss den Sicherheitsgurt vor dem Fahren im Auto festmachen.

5. Steuer: das Steuerrad — Mit dem Steuerrad kann man nach rechts, nach links oder geradeaus fahren.

6. Schein: der Scheinwerfer — Man braucht beim Fahren einen Scheinwerfer, besonders spät am Abend.

2 *Was ist passiert?* Schreib den Inhalt *(content)* über Michaela und Stephanie im Perfekt *(present perfect)!*

Beispiel: Michaela wartet schon lange auf Stephanie.
Michaela hat schon lange auf Stephanie gewartet.

1. Sie immer so pünktlich.

   Sie ist immer so pünktlich gewesen.

2. Beide bereiten sich auf eine Party vor.

   Beide haben sich auf eine Party vorbereitet.

3. Stephanie kommt endlich auf ihrem Fahrrad.

   Stephanie ist endlich auf ihrem Fahrrad gekommen.

4. Ihr Vater bringt einen Reifen zur Reparatur.

   Ihr Vater hat einen Reifen zur Reparatur gebracht.

5. Mit dem Rad dauert es länger.

   Mit dem Rad hat es länger gedauert.

6. Michaela freut sich auf nächstes Jahr.

   Michaela hat sich auf nächstes Jahr gefreut.

7. Sie fahren zum Geschäft.

   Sie sind zum Geschäft gefahren.

8. Sie brauchen keine Einkaufsliste.

   Sie haben keine Einkaufsliste gebraucht.

9. Sie kaufen nur ein paar Sachen.

   Sie haben nur ein paar Sachen gekauft.

10. Beide Mädchen steigen auf ihre Räder.

    Beide Mädchen sind auf ihre Räder gestiegen.

11. Sie stellen sie vor dem Geschäft ab.

    Sie haben sie vor dem Geschäft abgestellt.

12. Dann gehen sie hinein.

    Dann sind sie hineingegangen.

3 *An, auf, über, um.* **Welche dieser Präpositionen fehlen in den folgenden Sätzen?**

1. Welches Land grenzt im Norden _____an_____ Deutschland?

2. Warum sprichst du immer _____über_____ deine Freundin?

3. Ich bereite mich schon einen Monat _____auf_____ unsere Reise vor.

4. Er beklagt sich oft _____über_____ seine Kopfschmerzen.

5. Sieh doch _____auf_____ deine Einkaufsliste!

6. Wartet ihr schon lange _____auf_____ die Gäste?

7. Kannst du dich nicht _____um_____ deinen kleinen Bruder kümmern?

8. Wir freuen uns schon jetzt _____auf_____ unsere Ferien.

9. Maria bewirbt sich bei dem Kaufhaus _____um_____ einen Job.

Name _____ Datum _____

4 Welche Wörter fehlen hier? Setze die richtigen Verbformen von der Liste ein!

tun gefallen helfen gratulieren folgen passen schmecken

1. Du musst ihr zum 17. Geburtstag _____gratulieren_____.

2. Das Kleid _____passt_____ dir sehr gut. Es ist genau die richtige Größe.

3. _____Tut_____ dir dein Bein so weh?

4. Das Eis hat mir gut _____geschmeckt_____.

5. Wir _____folgen_____ euch im Auto. Ihr könnt uns zeigen, wie wir dorthin kommen.

6. Wie _____gefällt_____ Ihnen mein Auto? Es ist ganz toll.

7. Peter hat seiner Mutter bei der Arbeit _____geholfen_____.

5 Was ist das? Du hast von den folgenden Wörter in „Aktuelles" dieses Kapitels gelesen. Schreib einen ganzen Satz über jedes Wort!

Sentences will vary.

1. die Tankstelle: _____

_____

2. das Benzin: _____

_____

3. der Verkehr _____

_____

4. der Unfall: _____

_____

5. die Selbstbedienung: _____

_____

6. die Zapfsäule: _____

_____

7. der PKW: _____

_____

6 *Was war in Bad Segeberg passiert?* **Unfälle gibt es in Deutschland genauso wie in Amerika. Lies den Artikel und versuch alles zu verstehen, was passiert war!** (*Tipp:* **sterben** to die)

Kleiner Fahrfehler mit katastrophalen Folgen

Bad Segeberg / Fehrenbötel (tra) Weil eine 26-jährige Autofahrerin den Abstand zu ihrem Vordermann falsch einschätzte, kam es zu einem schweren Verkehrsunfall. Die Beifahrerin in dem vor ihr fahrenden Opel Corsa starb noch am Unfallort, der Fahrer wurde schwer verletzt. Jetzt stand die Unglücksfahrerin vor dem Segeberger Schöffengericht.

Es war ein tragisches Geschehen, am 4. Juni vorigen Jahres auf der Bundesstraße 205 an der Abzweigung nach Fehrenbötel/Rickling. Der Angeklagten wurde vorgeworfen, für den Tod eines Menschen verantwortlich zu sein, einen anderen schwer verletzt zu haben. Die Beweisaufnahme ergab folgenden Sachverhalt: Gegen 14.10 Uhr befand sich die Angeklagte als Fahrerin eines Neumünsteraner Kurierdienstes auf dem Weg von Bad Segeberg nach Neumünster. Noch vor der Abfahrt Fehrenbötel/Rickling überholte sie zwei Lastwagen und näherte sich dann mit etwa 100 Stundenkilometern dem roten Opel Corsa des Klein Rönnauer Rentners T., der mit seiner Cousine als Beifahrerin nach Rickling abbiegen wollte. Die Angeklagte hatte die langsame Fahrweise des abbiegenden Corsa falsch eingeschätzt, rammte ihn trotz Vollbremsung hinten rechts und drehte das Fahrzeug in den Gegenverkehr. Dort prallte der Corsa seitlich gegen einen Kleinlaster aus Wahlstedt, für die Beifahrerin im Corsa gab es keine Rettung mehr, der Fahrer wurde schwer verletzt.

Für Richter Martens und die Schöffenrichter war es nicht leicht, die Angeklagte zu einer Schilderung der Dinge aus ihrer Sicht zu bewegen, sie weinte während des ganzen Prozeßverlaufes. Das einzige, woran sie sich erinnerte: „Als ich den Opel plötzlich vor mir sah, dachte ich nur: mein Gott, der steht ja . . ." Sie wollte noch rechts an dem Fahrzeug vorbei, aber das Manöver mißlang. Der Fahrer eines Lastwagens, Augenzeuge und erster Helfer am Unfallort: „Als ich dort zu der Angeklagten ging und ihr auf ihre Frage sagte, daß die Frau in dem Corsa tot sei, brach sie zusammen – Verzeihung, ich wußte doch nicht, daß sie die Urheberin dieses schrecklichen Unfalls war . . ."

Ein anderer Lastwagenfahrer bescheinigte der Unglücksfahrerin, daß sie nicht gerast sei. Sie habe ganz normal überholt, aber offensichtlich die Geschwindigkeit des abbiegenden Opel völlig falsch eingeschätzt – ein kleiner Fahrfehler mit katastrophalen Folgen.

Der Fahrer des Kleinlasters aus Wahlstedt erinnerte sich: „Es ging alles blitzschnell. Im Bruchteil einer Sekunde sah ich etwas Rotes auf mich zufliegen, dann knallte es und der rote Gegenstand war schon wieder weg."

Nach eingehender Beratung verkündete Richter Martens das Urteil: 3 000 **Euro** Strafe und die Übernahme aller Kosten. Das Gericht war davon überzeugt, daß die Angeklagte nicht vorsätzlich oder grob fahrlässig handelte. Sie beging einen Fahrfehler, der einen folgenschweren und tragischen Unfall nach sich zog.

1. Wie alt war die Autofahrerin, die in ein anderes Auto hineingefahren war?

   Sie war 26 Jahre alt.

2. Wann passierte dieser Unfall?

   Er passierte am 4. Juni (gegen 14.10 Uhr).

3. Wo passierte er?

   Er passierte auf der Bundesstraße 205 an der Abzweigung nach

   Fehrenbötel/Rickling.

4. Wie schnell fuhr die Fahrerin?

   Sie fuhr ungefähr 100 Stundenkilometer.

5. In was für einem Auto waren die anderen zwei Personen?

   Sie waren in einem roten Opel Corsa.

6. Wer ist bei diesem Unfall gestorben?

   Eine Frau (die Beifahrerin) ist gestorben.

7. Hatte die Frau Zeit, ihren Wagen zu stoppen?

   Nein, sie hatte keine Zeit.

8. Wie viel musste die Fahrerin für diesen Unfall bezahlen?

   Sie musste 3 000 Euro bezahlen (und auch noch alle Kosten übernehmen).

7 *Verkehrszeichen.* **Sieh dir die verschiedenen Verkehrszeichen an und schreib für jedes einen Satz! Die folgenden Wörter kannst du vielleicht in deiner Beschreibung gebrauchen: die Geschwindigkeit** *speed;* **verboten** *forbidden;* **der Reiter** *(horseback) rider;* **die Kurve** *curve;* **gefährlich** *dangerous.*

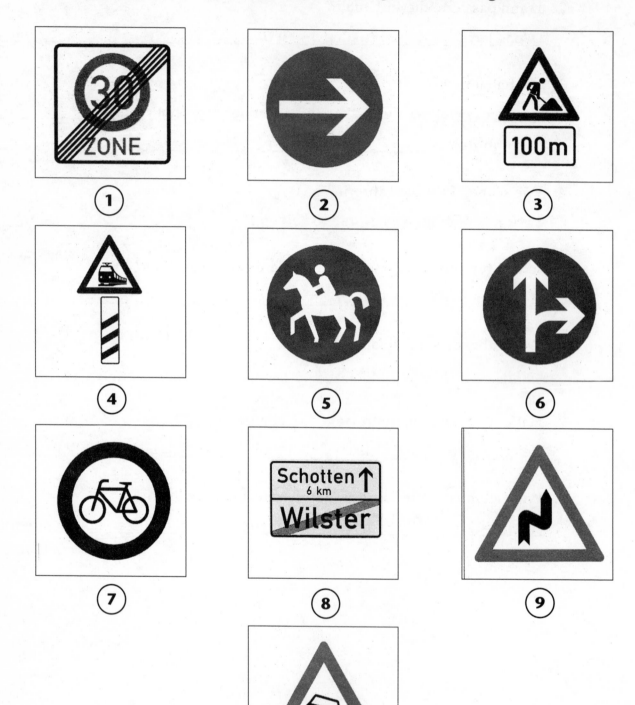

1. <u>Sentences will vary.</u> _____
   _____

2. _____
   _____

3. _____
   _____

4. _____
   _____

5. _____
   _____

6. _____
   _____

7. _____
   _____

8. _____
   _____

9. _____
   _____

10. _____
    _____

Name _____ Datum _____

8 *Deutsche Autos.* **Sieh dir die Autoanzeigen aus der *Berliner Morgenpost* an! Beantworte die Fragen! Hier sind einige wichtige Wörter: bauen *to build*; unfallfrei *accident free*; beheizbar *heated*; ungefahren *not driven*. Welches Auto...?**

BMW

Rarität Compact Openair, Bj. 96, scheck-heftgepflegt, Garagenwagen, 93 000 km, schwarz, fast alle Extras, gegen Gebot, Tel.: 033203/725 31
316 Compact, 77 kW, EZ 3/99, 45 Tkm, silber-met., Klima, Autom., TÜV/AU neu, und vieles mehr, VB 13 400,- €, 0170-926 70 10

AUDI

A 2 TDI, Vorführwagen, 55 kW, EZ 02/02, ungefahren, atlantikblau, 17 750,- €, Autohaus Dahlmann, 03341-30 78 27
Quattro TDi 2.5, Bj. 05/02, schwarz-metallic, Leder, Navi, CD-Radio, Klima, u.v.m., 4 000 km, KP 32 000,- € (NP 39 000,- €) Tel. 23 00 51 20 o. 0175-527 77 50

VOLKSWAGEN

Käfer 1200, Bj. 84, 63 300 km, 34 PS, 2. Hand, rot, TÜV/AU bis Okt. 2002, Radio, verchromte Felgenringe, gepflegter Zustand, 2000,- € VB, Tel. 817 55 71 (AB)

PORSCHE

Porsche Carrera 2 Cabrio 911, schwarz, Vollausstattung, Traumwagen aus 06/2000, 30 300 km, NR, FP: 70 000.- €, 1. Hand, unfallfrei; Tel: 0173-622 87 10

OPEL

Caravan "Dream", EZ 05/97, 81 Tkm, TüV 05/04, 60 PS/44 kW, brillantrot, eSD, Servo, Erstbesitz, Radio-Cassette, Nebelscheinwerfer, 5 600,- €, Tel. 40 53 96 00
Astra Caravan, EZ 05/97, 71 000 km, 5500.- €, 74 kW/100 PS, Klima, SD, Servo, ZV, beheizb. Spiegel, ABS, TÜV/AU 07/03, grünmet., Tel. 0162-743 92 87

MERCEDES

A 140, Neuwagen (noch beim Händler), 82 PS, blaumet., Lamellen-SD, Radio, Funk-ZV, höhenverstellbare Sitze vorn, NP 19 500,- €, jetzt 16 500,- €, Tel. 817 74 20
A 160 CDi Classic, EZ 07/99, 44 Tkm, ZV m. Funk, Klimaautm., e. Stahllamellendach, Kupplungsautomatic, integr. Kindersitze im Fond, herausn. Beifahrersitz usw., TÜV/AU und B-Inspektion neu, u'frei, DB-Scheckheft, NP 21 870,-€, 11 700,- € VB, Tel.: 331 13 48, 0162-923 35 78

1. hat man im Mai 2002 gebaut

   Den Audi Quattro TDI. _____

2. hat man 63 300 Kilometer gefahren.

   Den Volkswagen Käfer 1200. _____

3. ist in keinem Unfall gewesen

   Der Porsche Carrera 2. _____

4. ist ganz rot

   Der Opel Caravan "Dream". _____

5. kostet 13 400 Euro

   Der BMW 316 Compact. _____

6. hat Sitze für Kinder

   Der Mercedes A 160 CDI Classic. _____

7. hat warme Spiegel, wenn es kalt ist

   Der Opel Astro Caravan. _____

8. hat in der Garage gestanden

   Der BMW Rarität Compact Openair. _____

9. kostete früher 19 500 Euro, aber jetzt nur noch 16 500 Euro

   Der Mercedes A 140 Neuwagen. _____

10. hat man noch nicht gefahren

    Den Audi 2 TDI. _____

KAPITEL 11

Lektion B

9 *In der kleinen Stadt Warnemünde.* **Sieh dir den Stadtplan von Warnemünde an! Stell dir vor, dass du „Am Markt" stehst und vielen Touristen Auskunft gibst. Beantworte ihre Fragen!**

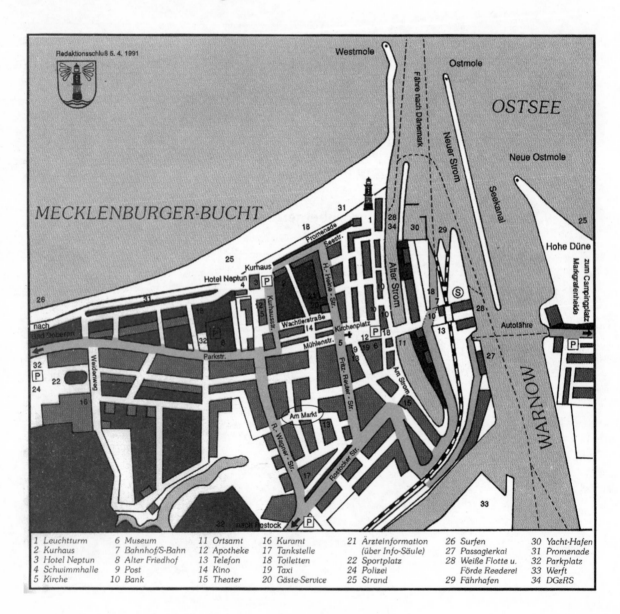

1 Leuchtturm	6 Museum	11 Ortsamt	16 Kuramt	21 Ärzteinformation	26 Surfen	30 Yacht-Hafen
2 Kurhaus	7 Bahnhof/S-Bahn	12 Apotheke	17 Tankstelle	(über Info-Säule)	27 Passagierkai	31 Promenade
3 Hotel Neptun	8 Alter Friedhof	13 Telefon	18 Toiletten	22 Sportplatz	28 Weiße Flotte u.	32 Parkplatz
4 Schwimmhalle	9 Post	14 Kino	19 Taxi	24 Polizei	Förde Reederei	33 Werft
5 Kirche	10 Bank	15 Theater	20 Gäste-Service	25 Strand	29 Fährhafen	34 DGzRS

Answers will vary.

1. Ich habe einen Unfall gesehen und muss sofort zur Polizei. Wo ist die Polizei?

_____

_____

2. Wir finden keinen Platz mehr für unser Auto. Wo ist denn der nächste Parkplatz?

_____

_____

3. Entschuldigen Sie! Ich bin fremd hier. Können Sie mir sagen, wo Hotel Neptun ist?

_____

_____

4. Wir wollen zum Bahnhof. Wissen Sie, wo der ist?

_____

_____

5. Wie komme ich zum Strand von hier?

_____

_____

6. Wir wollen unsere Freunde anrufen. Gibt es hier ein Telefon?

_____

_____

7. Ich habe fast kein Benzin mehr. Wissen Sie, wo es hier in der Gegend eine Tankstelle gibt?

_____

_____

8. Ich habe nur Dollar, brauche aber Euro. Wo ist hier in der Nähe eine Bank?

_____

_____

Name _____ Datum _____

10 Was passt zusammen?

___F___ 1. Es tut mir Leid, aber bei dem Stau konnte ich

___J___ 2. Hier steht, dass

___B___ 3. Der ganze Verkehr hat

___H___ 4. Uwe hat eine Idee, was er

___A___ 5. Uwe bezahlt

___E___ 6. Während Uwe auf dem Weg ist, sehen sich

___I___ 7. Uwe hat sein Fahrrad

___C___ 8. Nachdem er das Geschenk gekauft hat, wird er

___D___ 9. Die Polizei lässt die Leute

___G___ 10. Obwohl beide Geschenkideen haben, warten sie

A. für das Geschenk im Geschäft

B. angehalten

C. die beiden Mädchen zu einem Eis einladen

D. wieder die Straße überqueren

E. Michaela und Stephanie Schaufenster an

F. nichts machen

G. auf Uwe

H. seiner Schwester schenken wird

I. nicht in der Stadt abgestellt

J. die Handtaschen nicht teuer sind

11 Welche Wörter passen hier am besten: *aber, denn, oder, sondern* oder *und*?

1. Gisela will zum Jugendklub gehen, _____aber_____ sie muss zuerst noch einkaufen gehen.

2. Ich mache keine Hausaufgaben, _____sondern_____ ich besuche lieber meine Freundin.

3. Wolfgang spielt Tischtennis _____und_____ Günter spielt Fußball.

4. Wollt ihr fernsehen _____oder_____ (wollt ihr) Karten spielen?

5. Anne geht nicht gern zum See, _____denn_____ sie kann nicht schwimmen.

12 **Kombiniere die Sätze!** After combining the sentences, using the conjunction indicated, rewrite the sentence by placing the conjunction at the beginning of the sentence.

Beispiel: Sie kann nicht ins Kino gehen. Sie hat so wenig Zeit. (solange)
Sie kann nicht ins Kino gehen, solange sie so wenig Zeit hat.
Solange sie so wenig Zeit hat, kann sie nicht ins Kino gehen.

1. Wir gehen ins Eiscafé. Wir haben Appetit auf Eis. (weil)

   Wir gehen ins Eiscafé, weil wir Appetit auf Eis haben.

   Weil wir Appetit auf Eis haben, gehen wir ins Eiscafé.

2. Die Touristen müssen noch eine Stunde warten. Das Flugzeug kommt. (bis)

   Die Touristen müssen noch eine Stunde warten, bis das Flugzeug kommt.

   Bis das Flugzeug kommt, müssen die Touristen noch eine Stunde warten.

3. Er kommt zu mir rüber. Er geht in den Jugendklub. (ehe)

   Er kommt zu mir rüber, ehe er in den Jugendklub geht.

   Ehe er in den Jugendklub geht, kommt er zu mir rüber.

4. Die Schüler fliegen nach Deutschland. Sie haben ein Jahr Deutsch gelernt. (nachdem)

   Die Schüler fliegen nach Deutschland, nachdem sie ein Jahr Deutsch

   gelernt haben. Nachdem sie ein Jahr Deutsch gelernt haben, fliegen die

   Schüler nach Deutschland.

5. Ich habe keine Karte gekauft. Ich hatte kein Geld gehabt. (da)

   Ich habe keine Karte gekauft, da ich kein Geld gehabt habe.

   Da ich kein Geld gehabt habe, habe ich keine Karte gekauft.

6. Weißt du das nicht? Sie ist mit dem Fahrrad gefahren. (ob)

   Weißt du nicht, ob sie mit dem Fahrrad gefahren ist?

   Ob sie mit dem Fahrrad gefahren ist, weißt du nicht?

13 Ergänze die folgenden Sätze mit sinnvollen Wörtern!

Sample answers:

1. Ich habe keine Lust in den Sportklub zu gehen, weil das Wetter heute nicht schön ist.

2. Während ich schwimme spielt Rolf Tennis.

3. Sie hat geschrieben, dass sie in der Schweiz viel Spaß gehabt hatten.

4. Als mein Onkel und meine Tante zu Besuch kamen waren meine Eltern nicht zu Hause.

5. Petra ist spät angekommen, obgleich sie schon früh abgefahren ist.

6. Er hat Mathe gern, seitdem er eine Eins bekommen hat.

7. Ich weiß nicht, ob wir zur Party kommen.

8. Wir müssen lange warten, bis das Flugzeug abfliegt.

14 *Etwas stimmt nicht.* **Die folgenden Sätze beschreiben den Inhalt des Lesestücks, aber etwas stimmt nicht. Schreib die richtigen Sätze, wie es wirklich im Lesestück steht!**

1. Früher was das Jugendzentrum ein Klub.

   Früher war das Jugendzentrum eine Schule.

2. Die Jugendlichen kommen ein paar Mal die Woche dorthin.

   Sie kommen einmal die Woche dorthin.

3. Der Leiter meint, dass Fährräder für die Jungen ein Teil Unabhängigkeit sind.

   Er meint, dass Roller für sie ein Teil Unabhängigkeit sind.

4. Der Leiter repariert oft die Roller für Wolf und Horst.

   Wolf und Horst reparieren alles selbst.

5. Sie bauen die Ersatzteile zusammen.

   Sie bauen ihren Roller zusammen.

6. Bevor die Jugendlichen üben, fahren sie den Roller auf der Straße.

   Sie fahren ihn auf dem alten Schulhof.

7. Man darf ein Motorrad schon mit 15 Jahren fahren.

   Man darf es erst mit 18 Jahren fahren.

8. Die Jugendlichen können mit den Rollern machen, was sie wollen.

   Sie müssen Ralfs Regeln folgen und mit den Rollern vorsichtig umgehen.

15 *Die Strecke von Hannover nach Bremen.* **Sieh dir den Fahrplan an und beantworte dann die Fragen!**

01	= nicht 25. Sep
02	= nicht 3. Okt, 16. Nov, 26. Dez, 14., 17. Apr, 1., 25. Mai
03	= nicht 1. Jan
04	= nicht 25. Dez, 1. Jan
05	= nicht 3. Okt, 26. bis 31. Dez, 15., 17. Apr, 1. Mai
06	= nicht 24. Dez bis 1. Jan, 15., 16. Apr
07	= nicht 3. Okt, 16. Nov, 26. Dez, 14., 17. Apr, 1., 25. Mai; auch 24., 31. Dez
08	= nicht 24., 31. Dez
09	= nicht 2. Okt, 25. bis 30. Dez, 14., 16., 30. Apr

Hannover Hbf → Bremen Hbf
124 km

ab	Zug		Umsteigen	an	ab	Zug	an	Verkehrstage	
0.17	E	3180					1.37	täglich	
4.35	D	1998 ⚲					5.40	täglich	
5.17	E	3104					6.37	täglich	01
6.17	E	3108					7.38	täglich	
6.43	IR	2588 ⊕					7.48	täglich	
7.17	E	3112					8.37	täglich	
7.44	IR	2488 ⊕					8.48	täglich	
8.17	E	3116					9.37	täglich	
8.43	ICE	886 ✕					9.43	Mo - Sa	02
9.17	E	3120					10.37	täglich	
9.43	IR	2586 ⊕					10.48	täglich	
10.17	E	3124					11.37	täglich	
10.43	ICE	884 ✕					11.43	Mo - Sa	02
11.17	E	3128					12.37	täglich	
11.43	IR	2742 ⊕					12.48	täglich	
12.17	E	3132					13.37	täglich	
12.43	ICE	898 ✕					13.43	täglich	
13.17	E	3136					14.37	täglich	
13.43	IR	2584 ⊕					14.48	täglich	
14.17	E	3140					15.37	täglich	
14.43	ICE	896 ✕					15.43	täglich	
15.17	E	3144					16.37	täglich	
15.43	IR	2486 ⊕					16.48	täglich	
16.17	E	3148					17.37	täglich	
16.43	ICE	882 ✕					17.43	täglich	
17.17	E	3152					18.37	täglich	
17.43	IR	2582 ⊕					18.48	täglich	
18.17	E	3156					19.37	täglich	
18.43	ICE	894 ✕					19.43	täglich	
19.17	E	3160					20.37	täglich	
19.43	IR	2482 ⊕					20.48	täglich	
20.17	E	3164					21.37	täglich	
20.43	ICE	880 ✕					21.43	täglich	
21.26	E	3168					22.44	täglich	
21.57	IC	540 ⚲					22.59	Mo - Fr, So	03
22.17	E	3172					23.37	täglich	
22.43	ICE	892 ✕					23.43	täglich	

1. Wie viele Kilometer ist die Strecke von Hannover nach Bremen?

    Die Strecke ist 124 km.

2. Wie lange dauert die Reise mit einem InterCityExpress (ICE)?

    Sie dauert eine Stunde.

3. Um wie viel Uhr kommt der letzte Zug in Bremen an?

    Er kommt um 23.43 Uhr in Bremen an.

4. Um wie viel Uhr fährt der erste Zug von Hannover ab?

    Er fährt um 0.17 Uhr ab.

5. Fährt ein Eilzug (E) langsamer oder schneller als ein InterRegio (IR)?

    Er fährt langsamer.

6. Wie viele ICE-Züge fahren jeden Tag nach Bremen?

    Jeden Tag fahren acht ICE-Züge nach Bremen.

7. An welchen zwei Tagen im April fährt der ICE-Zug 886 nicht um 8.43 Uhr?

    Er fährt nicht am 14. und 17. April.

8. Welcher Zug fährt nicht am 1. Januar?

    Der IC-Zug 540.

9. Fährt der ICE-Zug 884 am 3. Oktober?

    Nein, er fährt nicht.

10. An welchem Tag fährt der Eilzug 3104 von Hannover nach Bremen nicht?

    Er fährt nicht am 25. September.

16 Ergänze die einzelnen Ausdrücke mit den Wörtern aus der Liste!

kommen   überqueren   ansehen   tun   herumfahren   fahren
vorbereiten   legen   sein   einladen   abstellen   machen

Sample answers:

1. sich ein paar Schaufenster _____ ansehen _____

2. auf dem Schulhof _____ herumfahren _____

3. die Straße _____ überqueren _____

4. etwas Leid _____ tun _____

5. den Führerschein _____ machen _____

6. sich auf etwas _____ vorbereiten _____

7. das Fahrrad in der Garage _____ abstellen _____

8. zu einem Eis _____ einladen _____

9. jede Woche hierher _____ kommen _____

10. sinnlos durch die Gegend _____ fahren _____

11. das Werkzeug auf die Werkbank _____ legen _____

12. alles in Ordnung _____ sein _____

17 *Ich möchte einen Motorroller kaufen.* Stell dir vor, dass du einen Motorroller kaufen willst. Du hast dir eine Broschüre angesehen und gehst jetzt zu einem Zweiradgeschäft, das in deiner Nähe ist. Sprich mit dem Verkäufer darüber!

Sample answers:

Verkäufer: Guten Tag!

Du: Ich möchte mir einen Motorroller ansehen.

Verkäufer: Wie viel wollen Sie ausgeben?

Du: Ungefähr 800 Euro.

Verkäufer: Dafür bekommen Sie einen Motorroller, der ungefähr vier oder fünf Jahre alt ist.

Du: Haben Sie eine gute Auswahl?

Verkäufer: Ja, wir haben viele Roller. Welche Farbe gefällt Ihnen?

Du: Rot oder schwarz.

Verkäufer: Einen schwarzen Roller haben wir leider nicht, aber ein roter Roller steht da drüben.

Du: Der Roller hat schon 15 000 Kilometer.

Verkäufer: Oder hier ist ein Roller mit nur 10 000 Kilometern. Er ist aber blau.

Du: Wie viel kostet er denn?

Verkäufer: Er kostet 1 000 Euro, also 200 Euro mehr als was Sie ausgeben wollen.

Du: Ich habe aber nur 800 Euro.

Verkäufer: Sie können auch mit einer Kreditkarte bezahlen. Dann haben Sie etwas mehr Zeit, die ganze Rechnung zu bezahlen.

Du: Ja, da haben Sie Recht.

18 Kreuzworträtsel

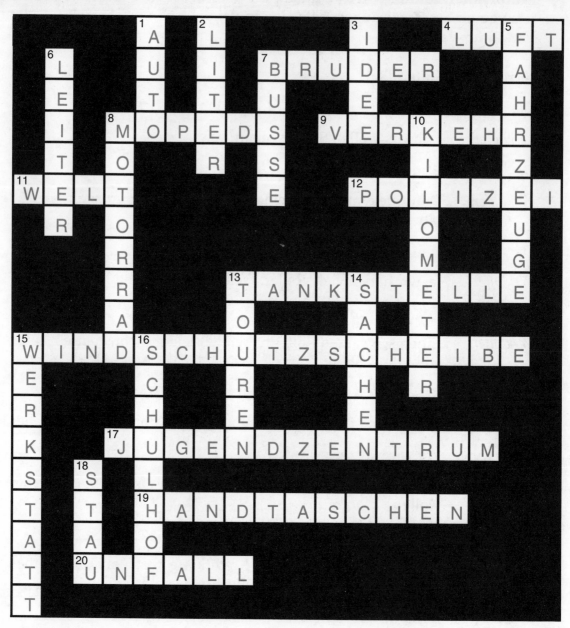

WAAGERECHT

4. Wenn man ___ in die Reifen pumpen muss, dann gibt es bei einer Tankstelle einen kleinen separaten Platz.

7. Stephanie hat einen ___.

8. Die Jugendlichen haben ___ und Motorroller sehr gern.

9. Der meiste ___ ist in den Großstädten.

11. Nach den USA hat Deutschland das längste Autobahnnetz der ___.

12. Die ___ lässt die Leute die Straße nicht überqueren, denn da ist ein Unfall.

13. Bei einer ___ bekommt man Benzin.

15. Beim Fahren sieht man durch die ___.

17. Das ___ war früher eine Schule.

19. Stephanie meint, dass die ___ gute Qualität sind.

20. Dort ist ein ___. Ein Mann liegt verletzt auf der Straße.

SENKRECHT

1. Stephanie ist nicht in einem ___ gekommen, denn der Reifen war platt und ihr Vater musste ihn zur Reparatur bringen.

2. Benzinpreise in Deutschland sind pro ___.

3. Uwe hat keine ___, was er seiner Schwester zum Geburtstag schenken wird.

5. Es gibt heutzutage 45 Millionen ___ in Deutschland.

6. Rolf Kolowski ist der ___ der Werkstatt.

7. Straßenbahnen und ___ haben alle angehalten.

8. Man darf ein ___ erst mit 18 Jahren fahren.

10. In Städten darf man meistens nicht schneller als 50 ___ in der Stunde fahren.

13. Ralf macht mit den Jugendlichen manchmal ___.

14. Im Geschäft werden Stephanie und Michaela nur ein paar ___ kaufen.

15. In einer ___ reparieren sie einen Roller.

16. Die Jungen müssen das Fahren zuerst auf dem ___ üben.

18. In der Stadt ist heute zu viel Verkehr; da gibt es oft einen ___.

19 *Was ist denn da passiert?* **Beschreib einen Unfall, der in deiner Stadt oder deinem Ort im letzten Monat passiert ist! Auf Deutsch, natürlich! Vielleicht hast du einen Zeitungsartikel, der diesen Unfall beschreibt.**

Sentences will vary.

_____

_____

_____

_____

_____

_____

_____

_____

_____

_____

_____

_____

_____

_____

_____

_____

_____

_____

_____

_____

_____

KAPITEL 12

Lektion A

1 Beantworte diese Fragen!

1. Warum meint Svetlana, dass ihr Alter das beste ist?

   Sie kann machen, was sie will.

2. Was ist für sie wichtig?

   Freunde, Ausgehen und Partys machen.

3. Warum meint sie, dass Erwachsene weniger Zeit haben?

   Sie sind schon im Beruf.

4. Glaubt Hartmut, dass das Leben eines Jugendlichen langweilig ist?

   Nein, er glaubt, es ist nicht so langweilig wie das von Erwachsenen.

5. Woran hat er Spaß?

   Er hat Spaß daran auszuprobieren, was er einmal werden kann.

6. Was kann er zum Beispiel nicht ohne seine Eltern machen?

   Er kann ohne seine Eltern kein Konto eröffnen.

7. Was meint Anja, was man als Erwachsener hat?

   Sie meint, dass man als Erwachsener viel Routine hat.

8. Wovon haben Jugendliche noch das Ideal?

   Von einer besseren Welt.

9. Wann hat man diese Ideale nicht mehr?

   Man hat sie nicht mehr, wenn man arbeiten geht und Geld verdienen muss.

10. Was glaubt Axel, dass man als Jugendlicher nicht so viele hat?

    Er glaubt, dass man als Jugendlicher nicht so viele Sorgen wie die
    Erwachsenen hat.

11. Was wünscht er sich oft?

    Er wünscht sich oft, das er lieber arbeitet anstatt Chemie und Latein zu
    lernen.

12. Worauf muss er noch warten?

    Er muss noch warten, bis er etwas Kreatives machen kann.

2 *Von wem spricht man hier?* **Die folgenden Sätzen beschreiben etwas, was du in „Aktuelles" über verschiedene Jugendliche gelesen hast. Diese Person oder Personen...**

1. reitet gern auf ihrem Pferd. _____ Lena _____

2. treffen sich mit anderen Jugendlichen im Jugendklub Kreuzberg.
   _____ Metin und Tuncay _____

3. macht einen Karate Kurs. _____ Martina _____

4. spricht positiv über den türkischen Stadtteil Berlins. _____ Ahmad Yazdam _____

5. war Austauschschülerin in Australien. _____ Lena _____

6. liest gern in einem Park. _____ Felix _____

7. hat es nicht gern, dass es so viele Autos in Berlin gibt. _____ Felix _____

8. fährt manchmal zum Einkaufen nach Lichtenberg. _____ Martina _____

9. meint, dass die Häuser in Marzahn sehr sauber sind. _____ Daniel _____

10. fühlen sich in Deutschland nicht richtig zu Hause. _____ Metin und Tuncay _____

11. will später nach der Schule nach Südamerika. _____ Lena _____

12. meint, dass man heutzutage überall unsicher ist. _____ Martina _____

3 Noch etwas über Berlin. Lies die folgende Beschreibung von zwei anderen Berliner Jugendlichen und beantworte dann die Fragen! (*Tipp:* rudern *to row*)

Gunnar, 15, und Holger, 16, leben in Tegel. Das ist ein Ortsteil des Bezirks Reinickendorf. Beide sind Schüler des Humboldt-Gymnasiums und Mitglieder im „Ruderklub Tegel" am Tegeler See. Er ist so groß, dass man mit Schiffen Ausflüge darauf machen kann. Hier trainieren Gunnar und Holger in ihrer Freizeit sechsmal die Woche, jedes Mal zwei Stunden im Ruderboot. Gunnar fährt einen Einer, Holger im Zweier. Holger geht außerdem sehr oft zum Krafttraining ins „Ruderzentrum Siemensstadt". Es liegt wie Tegel im Norden Berlins.

So viel Training zahlt sich aus: vor zwei Jahren bekamen beide den Titel „Berliner Schülermeister". Holger war schon „Landessieger Berlin" und „Landessieger der Schulen". Beim Wettkampf „Jugend trainiert für Olympia" bekam er den vierten Platz.

Gunnar und Holger verlassen in der Regel ihren Stadtteil Tegel nicht. „31 Stunden Schule, dazu noch Hausaufgaben und Training — da bleibt nicht viel Zeit", meint Holger, „am Wochenende geht es vielleicht mal ins Kino am Bahnhof Zoo oder zum Einkauf in die Stadtmitte." Die Fahrt dorthin dauert mit der U- und S-Bahn fast 45 Minuten. Da bleibt Holger lieber in Tegel: „In manchen Stadtteilen wie Kreuzberg war ich noch nie!" Aber das ist nicht nur ein zeitliches Problem: Stadtteile wie Kreuzberg sind für ihn eine fremde Welt.

Und wo wollen Gunnar und Holger später einmal leben? „In Tegel. Hier gibt es nicht so viele Leute und nicht so viel Verkehr. Es ist schön grün und alle unsere Verwandten, Bekannten und Freunde wohnen hier", meint Holger. Gunnar meint das auch.

1. In welchem Stadtteil Berlins liegt Tegel? (Im Osten, Süden, Westen oder Norden?)

   <u>Im Norden.</u> _____

2. Was machen Gunnar und Holger auf dem Tegeler See?

   <u>Sie rudern da.</u> _____

3. Wie viele Stunden trainieren sie jede Woche?

   <u>12 Stunden (2 Stunden, sechsmal die Woche).</u> _____

4. Was macht Holger im Ruderzentrum?

   <u>Er macht dort Krafttraining.</u> _____

5. Welchen Titel bekamen beide vor zwei Jahren?

   Sie bekamen den Titel „Berliner Schülermeister".

6. Fahren Holger und Gunnar oft in andere Stadtteile Berlins?

   Nein, sie verlassen ihren Stadtteil Tegel fast gar nicht.

7. Wozu haben sie manchmal am Wochenende Zeit?

   Manchmal gehen sie vielleicht ins Kino oder einkaufen in der Stadtmitte.

8. Warum wollen Holger und Gunnar auch später in Tegel leben?

   Es ist dort schön grün und ihre Verwandten, Bekannten und Freunde

   wohnen da.

4 *Wie gefält dir deine Gegend?* **Schreib einen kurzen Aufsatz über deine Gegend, wo du wohnst. Deine Beschreibung sollte diese Fragen beantworten: Gefällt es dir, wo du wohnst? Warum? Warum nicht? Was sind deine Interessen oder Hobbys. Was machst du manchmal mit Freunden am Wochenende? usw.**

   Sentences will vary.

   _____

   _____

   _____

   _____

   _____

   _____

   _____

   _____

   _____

   _____

   _____

   _____

5 *Beliebtes Ausflugziel Berlins.* **Lies den Artikel über das Dahmeland, ein beliebtes Ausflugsziel vieler Besucher. In dem Text findest du Wörter, die ähnlich sind wie die folgenden Wörter. Kannst du sie identifizieren?**

Das **DAHMELAND**

südöstlich von Berlin ist ein beliebtes Urlaubs- und Ausflugsziel vieler Gäste aus nah und fern. Der Fluss DAHME gab diesem ausgedehnten Wald- und Seengebiet rund um Königs Wusterhausen seinen Namen. Von der Quelle bis zur Mündung bildet die Dahme in ständigem Wechsel Seen und schmale Fließe, nimmt Zuflüsse auf und zieht so Wassersportler und Naturliebhaber gleichermaßen an.

Im Zentrum des Dahmelandes liegt die Stadt **Königs Wusterhausen**. Ihre verkehrsgünstige Lage direkt am Berliner Autobahnring, mit S-Bahn- und Regionalbahnanschluss macht die Stadt zum Mittelpunkt des Besucherverkehrs im Dahmeland. Königs Wusterhausen ist verbunden mit der Geschichte der preußischen Könige. Das Jagdschloss war Standquartier für die Hofjagden Friedrich Wilhelm I. und Ort des berühmten "Tabakskollegiums". Königs Wusterhausen gilt auch als Geburtsort des deutschen Rundfunks. 1920 erfolgte erstmals die Übertragung von Sprache und Musik im Rahmen eines Weihnachtskonzertes. Eine Ausstellung im Technischen Denkmal "Sender Königs Wusterhausen" zeigt Schätze und Raritäten der 75-jährigen Funksendegeschichte. Der alte Wasserturm auf dem Funkerberg bietet dem Besucher einen herrlichen Rundblick auf die Stadt und ihre Umgebung.

Jagdschloß Königs Wusterhausen

Funksendemuseum Königs Wusterhausen

1. Monument: Denkmal

2. klein: schmal

3. Gegend: Umgebung

4. populär: beliebt

5. Platz: Ort

6. schön: herrlich

7. Radio: Rundfunk

8. weit: fern

9. Besucher: Gäste

10. Mitte: Zentrum

KAPITEL 12

Lektion B

6 **Wer ist das?** **Identifiziere die Jugendlichen, von denen man hier spricht. Diese(r) Jugendliche...**

1. unterstreicht manchmal wichtige Sätze. _____ Astrid _____

2. liest Bücher, die auf der Bestsellerliste sind. _____ Ilona _____

3. sammelt Comics. _____ Nils _____

4. interessiert sich mehr für Fernsehen als Lesen. _____ Udo _____

5. fährt fast eine Stunde zur Schule. _____ Ilona _____

6. liest Bücher in der Badewanne. _____ Astrid _____

7. träumt, wenn er Musik hört. _____ Udo _____

8. findet es langweilig, lange zu lesen. _____ Nils _____

9. liest auch heute noch manchmal ein Kinderbuch. _____ Astrid _____

10. liest sogar im Stehen. _____ Ilona _____

7 Was bedeuten diese Wörter? Schreib einen Satz für jedes Wort! Beschreib, was das Wort bedeutet!

Beispiel: Sorgen
Man weiß nicht, was die Zukunft bringt.

Answers will vary.

1. Arbeitslosigkeit

_____

2. Umwelt

_____

3. Benehmen

_____

4. Ausbildung

_____

5. Erfahrung

_____

6. Interview

_____

7. Gesetz

_____

8. Benzin

_____

9. Azubi

_____

10. Familientreffen

_____

8 *Unsere Umwelt.* **Sieh dir den Fragebogen an und kreuze *ja* oder *nein* an! Dann schreib einen Satz oder zwei Sätze über fünf Punkte, warum du *ja* oder *nein* angekreuzt hast!**

Fragebogen

	ja	nein
1. Ich kaufe keine Spraydosen.	☐	☐
2. Wir waschen nur, wenn die Waschmaschine voll ist.	☐	☐
3. Wir sortieren unseren Müll: Dosen, Glas, Papier.	☐	☐
4. Meine Zimmertemperatur ist nicht höher als 70° Fahrenheit.	☐	☐
5. Ich benutze beim Einkaufen keine Plastiktüten.	☐	☐
6. Ich kaufe keine Flaschen, die man wegwerfen muss.	☐	☐
7. Ich bade nicht in der Badewanne, sondern dusche mich, so dass man nicht zu viel Wasser benutzt.	☐	☐
8. Wir waschen mit phosphatfreien Waschmitteln.	☐	☐
9. Ich mache das Licht aus, wenn ich es nicht brauche.	☐	☐
10. Wir fahren kurze Strecken mit Fahrrädern und nicht mit Autos.	☐	☐

Hier sind meine Gründe, warum ich *ja* oder *nein* angekreuzt habe.

1. Answers will vary. _____

   _____

   _____

   _____

2. _____

   _____

   _____

   _____

3. _____

   _____

   _____

   _____

4. _____

   _____

   _____

   _____

5. _____

   _____

   _____

   _____

9 *Worum sorgen sich viele Deutsche?* **Die Umwelt ist für viele Deutsche ein wichtiges Thema. Deshalb stehen jeden Tag Artikel in den deutschen Zeitungen darüber. Sieh dir die drei Grafiken an! Wähle eine Statistik und schreib einen Bericht darüber!**

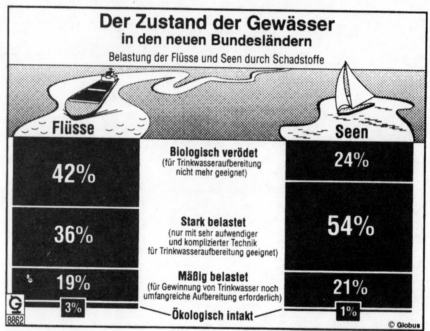

Der Zustand der Gewässer in den neuen Bundesländern ist alarmierend.

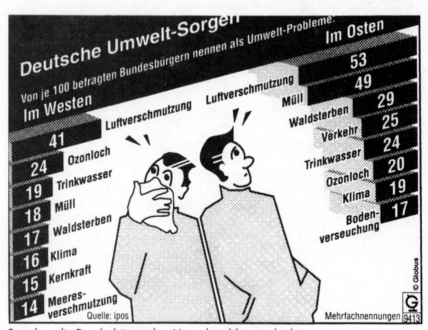

So sehen die Bundesbürger ihre Umweltprobleme subjektiv.

Neue Bundesländer:
Milliarden
für die Umweltsanierung
Notwendige
Umwelt-Investitionen bis zum Jahr 2000
in Mrd. DM
(Ifo-Schätzung)

Abfall
34

Altlasten
11

Luft
23

Trink-
wasser
17

Abwasser
125 Mrd. DM

*Bis zum Jahr 2000 verschlang die
Umweltsanierung im Osten mindestens
200 Milliarden Mark.*

Sentences will vary.

_____

_____

_____

_____

_____

_____

_____

_____

_____

_____

_____

_____

_____

_____

_____

10 *Berühmte Schlösser.* **Beantworte die Fragen über die Schlösser, für die König Ludwig II. so bekannt ist.**

1. In welchem Schloss wohnte König Ludwig II. 18 Jahre lang?

   Er wohnte im Schloss Hohenschwangau.

2. Bei welcher bayrischen Stadt liegt Schloss Neuschwanstein?

   Es liegt bei Füssen.

3. Was hat man zum Thron nicht fertig gebaut? Warum?

   Man hat die Marmortreppe nicht fertig gebaut. Der König ist schon vorher

   gestorben.

4. Welches der vier Schlösser ist das berühmteste?

   Schloss Neuschwanstein ist das berühmteste.

5. Wo hat man in den letzten 70 Jahren Konzerte gegeben?

   Man hat im Sängersaal Konzerte gegeben.

6. Wer war ein guter Freund des Königs?

   Richard Wagner war ein guter Freund.

7. Was war des Königs Lieblingstier?

   Der Schwan war sein Lieblingstier.

8. Was wollte der König mit Schloss Linderhof imitieren?

   Er wollte das Schloss in Versailles imitieren.

9. Wie hat der König sein Essen aus der Küche bekommen?

   Man hat den Esstisch in die Küche hinuntergelassen.

10. Was hat der König in der Blauen Grotte gemacht?

    Er hat Opern gesehen.

11. Wie kommt man zum Schloss Herrenchiemsee?

     Man fährt mit einem kleinen Schiff dorthin.

12. Während welcher beiden Jahrszeiten sind die Schlösser meistens nicht geöffnet?

     Sie sind meistens im Herbst und im Winter nicht geöffnet.

11 *Kannst du die fehlenden Wörter raten?* **Die Anfangsbuchstaben (von oben nach unten gelesen) bilden einen Namen, von einer sehr bekannten Sehenswürdigkeit in Bayern. Du hast in diesem Kapitel darüber gelesen.**

1. _____Neugierde_____ hat man, wenn man nicht weiß, wovon eine andere Person spricht.

2. Die Sonne gibt uns viel _____Energie_____.

3. Wir müssen für die nächsten Generationen unsere _____Umwelt_____ schützen.

4. Ilona liest in der S-Bahn, auch wenn sie keinen _____Sitzplatz_____ bekommt.

5. Nils liest und sammelt _____Comics_____.

6. Wenn _____Hartmut_____ ein Konto auf der Bank eröffnen will, dann müssen seine Eltern mitkommen.

7. Viele Jugendliche wollen noch viel für ihre _____Welt_____ tun, denn sie müssen ja noch viele Jahre da leben.

8. Die praktische _____Ausbildung_____ nennt man auch „Lehre".

9. Anja meint, dass man als Erwachsener keine Zeit zum _____Nachdenken_____ hat.

10. Die Jugend in Deutschland hat ähnliche _____Sorgen_____ und Probleme wie die Jugend in Amerika.

11. Svetlana kommt aus der Stadt _____Trier_____.

12. Für die Azubis ist die Ausbildung sehr wichtig, denn dabei bekommen sie viel praktische _____Erfahrung_____.

13. _____Ilona_____ mag Bücher mit tragischen Ereignissen am liebsten.

14. Metin sagt, dass Jugendliche aus anderen _____Nachbarschaften_____ nicht sehr oft nach Kreuzberg kommen.

12 Kreuzworträtsel (*Tipp:* Ö = OE; Ü = UE)

WAAGERECHT

2. Am liebsten liest Astrid ein Buch in der ___.

4. ___ kommt in den Glascontainer.

5. Ilona ___ in der S-Bahn, auch wenn sie keinen Sitzplatz hat.

6. Udo ___ lieber Musik als Bücher lesen.

8. Martina fühlt sich in Marzahn ___.

10. Svetlana wohnt in ___.

11. Für viele Jugendliche gibt es zu viele ___.

13. Viele ___ wohnen in Kreuzberg.

15. ___ dem Abitur will Lena nach Südamerika.

17. Manche Jugendliche haben ___ vor der Zukunft.

18. Spandau ist ein ___ Stadtteil Berlins.

19. Viele Jugendliche ___ im Internet.

SENKRECHT

1. Hartmut meint, dass man in der Jugend noch nicht weiß, was man ___.

2. Am Ende der Ausbildung müssen die Azubis eine Prüfung ___.

3. Anja sagt, dass man in der Jugend noch vieles ___ kann.

5. Die praktische Ausbildung nennt man auch ___.

7. Manuels Noten auf der Schule ___ nicht sehr gut.

8. Viele Straßen in Kreuzberg ___ so aus wie in der Türkei.

9. Die Umwelt in Deutschland hat sich in den letzten zehn bis zwanzig Jahren ___.

12. Als Jugendlicher kann man auf der Bank kein ___ eröffnen.

14. Axel glaubt, dass man als Jugendlicher nicht so viele ___ hat wie Erwachsene.

16. Nils liest jeden Tag mindestens einen ___.